Klasse 1

Autorenteam Kohl-Verlag

# LESETRAINING

## in drei Niveaustufen

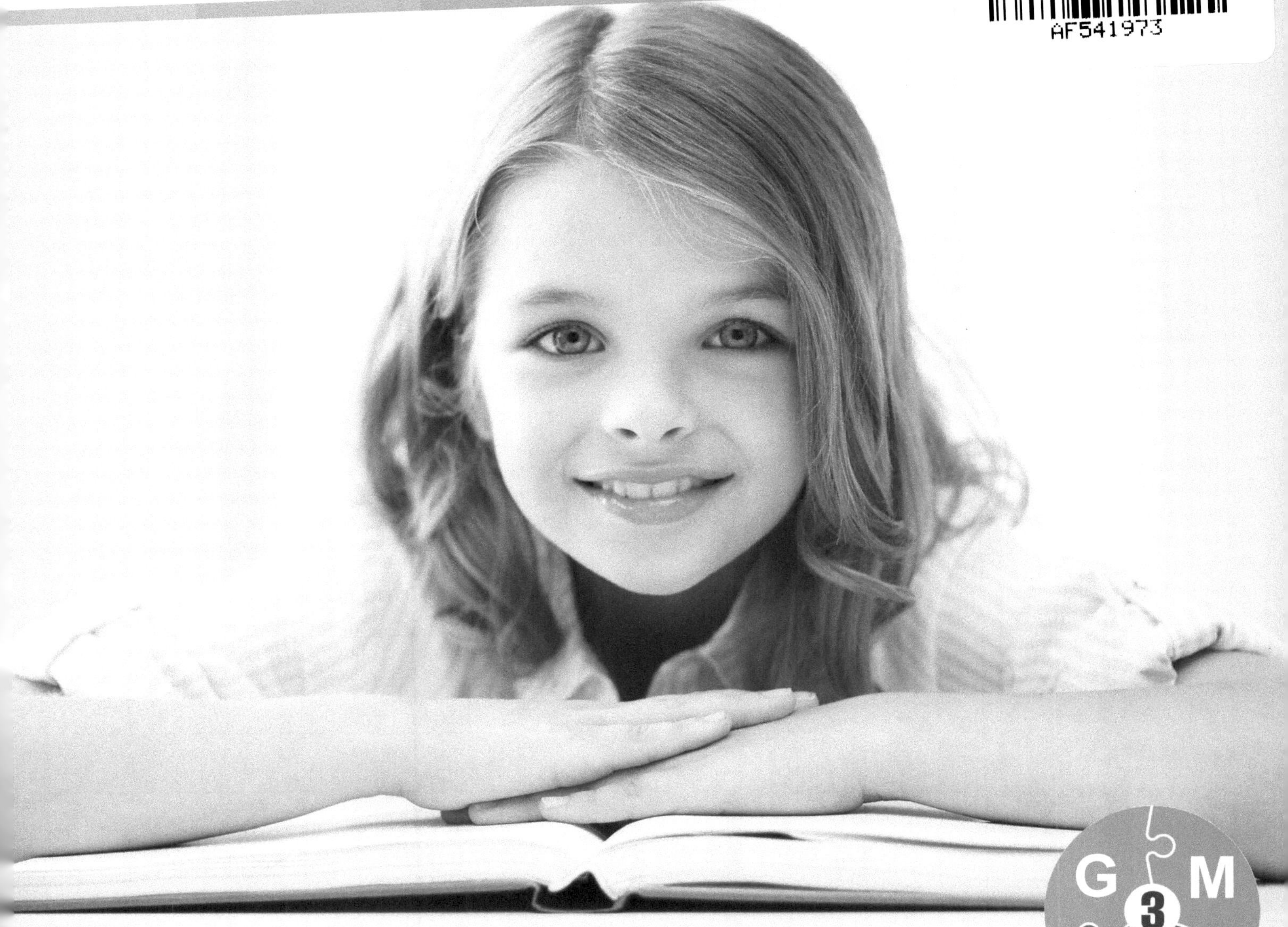

G M 3 E

1

## Differenzierung mit Selbstkontrolle

# Lesetraining in drei Niveaustufen

## Klasse 1

2. Auflage 2025



Inhalt: Autorenteam Kohl-Verlag
Coverbilder: © Syda Productions & volondoff - AdobeStock.com
Redaktion: Kohl-Verlag
Grafik & Satz: Kohl-Verlag
Druck: Elanders Druck, Waiblingen

**Bestell-Nr. 16 701**

**ISBN: 978-3-98841-086-3**

**Bildquellen © Adobestock.com:**

**S. 5:** mates, Mr. Twister, deniskol; **S. 6+7:** mates, deniskol, magdal3na; **S. 9+10:** Christine Wulf; **S. 11:** muro; **S. 12:** vladimirfloyd, bobrik74, Robert Kneschke, dnaveh; **S. 12:** dnaveh, bobrik74, Robert Kneschke, dnaveh; **S. 14:** dnaveh; **S. 15:** pandavector, Eric Isselée, emer, 3drenderings; **S. 16:** Tom Bayer; **S. 17:** pandavector, Tatyana Gladskih, yongkiet, Eric Isselée, benschonewille; **S. 18:** pandavector, Eric Isselée, emer, 3drenderings; **S. 19:** Tom Bayer; **S. 20:** denisismagilov, Thomas Söllner; **S. 21:** Hervé Rouveure, blobbotronic; **S. 22:** Hervé Rouveure; **S. 24:** stockphoto-graf; **S. 27:** Alekss, denisismagilov, Brocreative, djmilic, Igor Zakowski; **S. 28+30:** Brocreative; **S. 32:** dred2010; **S. 33:** verkoka; **S. 34:** verkoka, zdyma4; **S. 35:** PixlMakr, cherezoff; **S. 38:** nasa_gallery (3x); **S. 39:** aliaksei_7799, Andrey Kuzmin, Elenarts; **S. 40:** Robert Kneschke, Elenarts, sandybar; **S. 43:** oocoskun, Superingo, S.H.exclusiv; **S. 44+45:** S.H.exclusiv; **S. 47:** Reddogs; **S. 50:** Mirabu, jemastock, scusi, myosotisrock; **S. 51:** jemastock, Christine Wulf, Klara Viskova, Mirabu; **S. 52:** jemastock; **S. 53:** familylifestyle, Klara Viskova, Mirabu, jemastock; **S. 55-58:** jojje11; **S. 64:** Sergiy Bykhunenko, Mat Hayward, Mandrixta, travnikovstudio, onderorte, johnnunn; **S. 65:** Nikita Kuzmenkov (4x), arsdigital, Christian Hillebrand; **S. 66:** absolutimages; **S. 67:** Boggy; **S. 68:** Christian Hillebrand

**Bildquellen © wikipedia.com:**

**S. 24+25:** Joseolgon; **S. 46:** Harald Dettenborn



Kontakt: Kohl-Verlag, An der Brennerei 37-45, 50170 Kerpen
Tel: +49 2275 331610, Mail: info@kohlverlag.de

## Unsere Lizenzmodelle

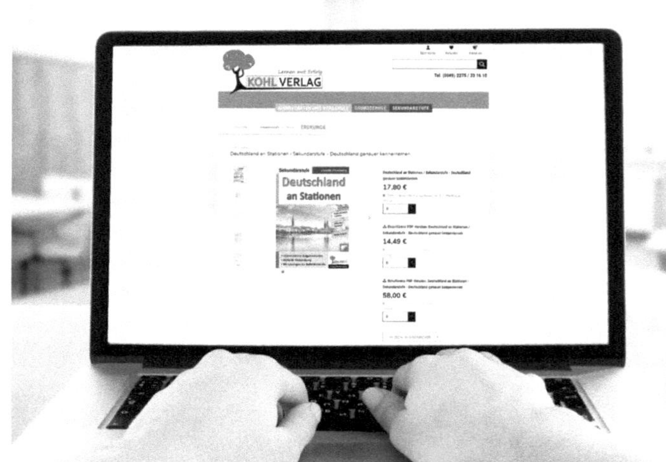


## Der vorliegende Band ist eine Print-Einzellizenz

Sie wollen unsere Kopiervorlagen auch digital nutzen? Kein Problem – fast das gesamte KOHL-Sortiment ist auch sofort als PDF-Download erhältlich! Wir haben verschiedene Lizenzmodelle zur Auswahl:

| | Print-Version | PDF-Einzellizenz | PDF-Schullizenz | Kombipaket Print & PDF-Einzellizenz | Kombipaket Print & PDF-Schullizenz |
|---|---|---|---|---|---|
| Unbefristete Nutzung der Materialien | x | x | x | x | x |
| Vervielfältigung, Weitergabe und Einsatz der Materialien im eigenen Unterricht | x | x | x | x | x |
| Nutzung der Materialien durch alle Lehrkräfte des Kollegiums an der lizensierten Schule | | | x | | x |
| Einstellen des Materials im Intranet oder Schulserver der Institution | | | x | | x |

Die erweiterten Lizenzmodelle zu diesem Titel sind jederzeit im Online-Shop unter www.kohlverlag.de erhältlich.

# Inhaltsverzeichnis



LESETRAINING IN DREI NIVEAUSTUFEN
1. Schuljahr – Bestell-Nr. 16 701

# Vorwort

Im Unterricht der ersten Klasse entwickeln die Schüler in meist recht kurzer Zeit erste Fähig- und Fertigkeiten im Bereich des Lesens und Textverstehens.

Sie sind selbst überrascht, welche Welten sich ihnen dadurch erschließen und es ist auch als Lehrkraft und Begleiter dieser Kinder immer wieder ein besonderes Erlebnis, daran teilhaben und sie dabei unterstützen zu dürfen. Ihnen bedarfsgerecht und entsprechend ihrer Fähigkeiten Förderung und Hilfestellung oder schließlich auch einfach Lesefutter zu geben, ermöglicht Ihnen, liebe Kolleginnen und Kollegen, die motivierenden und vielseitig differenzierten Texte dieses Bandes.

Viel Spaß und Erfolg beim Einsatz dieser Lesetrainingstexte wünschen Ihnen das

**Autorenteam Kohl-Verlag**

# Methodisch-didaktische Hinweise

Alle Texte dieses Werkes für Erstleser sind durch farbig abgesetzte Sprechsilben gekennzeichnet. Zudem wurde bei Schreibaufgaben darauf Wert gelegt, eine entsprechende Lineatur einzusetzen.

Die Texte dieses Bandes sind in Komplexität, Textmenge und zu bearbeitenden Arbeitsaufträgen differenziert in die drei Niveaustufen:

- Niveau ⊙ ⇨ grundlegendes Niveau
- Niveau ! ⇨ mittleres Niveau
- Niveau ★ ⇨ erweitertes Niveau

Dies ermöglicht Ihnen individualisierte Lernangebote, die auf die unterschiedlichen Fähigkeiten und die individuellen Lern- und Leistungsentwicklungen der Schülerinnen und Schüler eingehen sollen. Zudem finden sich im hinteren Teil des Werkes verschiedene spielerische Formen des Lesetrainings, die gerade Schüler der untersten Klassenstufen besonders ansprechen und motivieren sowie weitere Zugänge zur Schriftsprache ermöglichen.

Bei allen Texten wurde auf eine altersgerechte und motivierende Themenauswahl geachtet, die aber immer wieder auch zum Nachdenken und zur Selbstreflexion anregen soll.

Die Lösungen zu allen Aufgaben finden Sie im hinteren Teil des Werkes.



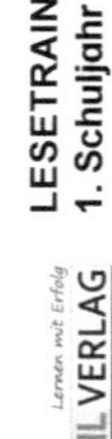

# 1. Besuch im Garten

Es wird Winter. Im Garten sieht man das braune Eichhörnchen. Es sammelt die letzten Vorräte. Das Eichhörnchen springt von Baum zu Baum. Gestern stand es vor der Scheibe am Gartenfenster und schaute herein. Das war toll!

**1**

*Verbinde das Bild mit dem passenden Wort.*

| Apfelbaum | Nüsse | Eichhörnchen |
|---|---|---|

**2**

*Finde alle Begriffe und trenne sie mit einem Strich.*

NüsseBaumWinterEichhörnchenGartenBaum

LESETRAINING IN DREI NIVEAUSTUFEN
1. Schuljahr – Bestell-Nr. 16 701
Lernen mit Erfolg KOHL VERLAG

# 1. Besuch im Garten

!

Es wird Winter und immer kälter draußen. Am Morgen ist der Boden mit weißem Reif überzogen. In unserem Garten sieht man das Eichhörnchen. Es springt von Baum zu Baum.

Das braune Eichhörnchen sammelt noch die letzten Vorräte für den Winter. Gestern stand es vor der Scheibe am Gartenfenster und schaute herein. Wir haben uns angeschaut und sind beide erschrocken!

## 1

*Verbinde die Bilder mit dem passenden Satz.*

a) Das Eichhörnchen sammelt Nüsse. 

b) Im Winter sieht man weniger Tiere im Garten.  

c) Der Apfelbaum trägt im Winter keine Blätter.

## 2

*Streiche die falschen Wörter durch.*

| |
|---|
| Viele Tiere sammeln **Vorräte / Flaschen** für den **Sommer / Winter**. |
| Das Eichhörnchen versteckt gerne **Nüsse / Fische**. |
| Viele **Vögel / Hunde** fliegen in den Süden. Manche bleiben auch bei uns. Für sie ist es im **Winter / Sommer** oft schwer, Futter zu finden. |

LESETRAINING IN DREI NIVEAUSTUFEN
1. Schuljahr – Bestell-Nr. 16 701
KOHL VERLAG Lernen mit Erfolg

# 1. Besuch im Garten

★

Langsam wird es Winter und immer kälter draußen. Die Blätter fallen von den Bäumen und am Morgen ist der Boden mit weißem Reif überzogen. In unserem Garten sieht man jetzt häufig das Eichhörnchen umherflitzen. Es springt von Baum zu Baum. Sein buschiger Schwanz hilft ihm dabei, den Flug zu steuern.

Das kleine braune Eichhörnchen sammelt noch die letzten Nüsse als Vorrat für den Winter und bringt sie in seinen Kobel. Gestern stand es sogar vor unserer Terrassentür. Wir haben uns angeschaut und sind beide erschrocken!

## 1

*Schreibe einen passenden Satz zu den Bildern.*

## 2

*Was weißt du über Eichhörnchen? Kreuze an.*

| | richtig | falsch |
|---|---|---|
| 1. Eichhörnchen sammeln Vorräte für den Winter. | | |
| 2. Den Bau der Eichhörnchen nennt man Kobel. | | |
| 3. Im Winter ziehen Eichhörnchen in den Süden. | | |
| 4. Das Eichhörnchen hat einen dünnen Schwanz. | | |
| 5. Das Eichhörnchen steuert seinen Sprung mit seinem buschigen Schwanz. | | |

# 2. Eine Rennfahrt

Ben fährt gerne Rad. Mit seinem roten Blitz kann er um die Kurve sausen, ohne zu stürzen. Sogar über kleine Hügel kann er springen! Heute will er mit seinen Freunden ein Rennen um den Spielplatz fahren. Jetzt flitzt Ben los.

**1**

***Lies und male ein passendes Bild in die Kästchen.***

| | |
|---|---|
| Junge | Fahrrad |
| Rutsche | Schaukel |

**2**

***Richtig oder falsch? Kreuze an.***

| | richtig | falsch |
|---|---|---|
| 1. Ben fährt gerne Rad. | | |
| 2. Er springt über kleine Hügel. | | |
| 3. Bens Rad ist blau. | | |
| 4. Die Freunde wollen ein Rennen fahren. | | |

LESETRAINING IN DREI NIVEAUSTUFEN
1. Schuljahr – Bestell-Nr. 16 701
KOHL VERLAG Lernen mit Erfolg

# 2. Eine Rennfahrt

!

Endl**ich** kann der Schul**ran**zen weg**ge**räumt wer**den**, denn nach den Haus**auf**ga**ben** fährt Ben ger**ne** Rad. Nun weiß er schon, wie er um die Kur**ve** sau**sen** kann oh**ne** zu stür**zen**. Heu**te** will er mit Tim und Finn ein Ren**nen** um den Spiel**platz** fah**ren**. Sie star**ten** bei der Schau**kel**. Lil**ly** gibt das Start**zei**chen und Ben flitzt los.

## 1

*Finde die 6 Begriffe in den Rädern und schreibe sie auf.*

Klin – ker – Len – pe – gel – Lam –

Spei – trä – che – Ge – päck – se – Brem – ger –

1.

2.

3.

4.

5.

6.

## 2

*Verbinde mit einem Strich, was zusammenpasst.*

| | | | |
|---|---|---|---|
| Schule | ○ | ○ | Startzeichen |
| Spielplatz | ○ | ○ | Ranzen |
| Rennen | ○ | ○ | Schaukel |

# 2. Eine Rennfahrt

Ben hält den Griff seines Lenkers ganz fest. Jetzt muss er sich konzentrieren. Nach den Hausaufgaben geht Ben normalerweise raus und fährt Rad. Inzwischen kann er sogar über kleine Hügel springen und weiß genau, wie eng er um die Kurve sausen kann.

Heute will er mit seinen Freunden Tim und Finn ein Rennen um den Spielplatz fahren. Lilly hat ihre Stoppuhr mitgebracht. Sie gibt das Startzeichen und Ben flitzt los.

**1**

*Finde die 6 Begriffe in den Rädern und schreibe sie auf.*

1.

2.

3.

4.

5.

6.

LESETRAINING IN DREI NIVEAUSTUFEN
1. Schuljahr – Bestell-Nr. 16 701
KOHL VERLAG Lernen mit Erfolg

# 2. Eine Rennfahrt

★

**2**

*Beantworte die Fragen.*

a) Womit fährt Ben gerne?

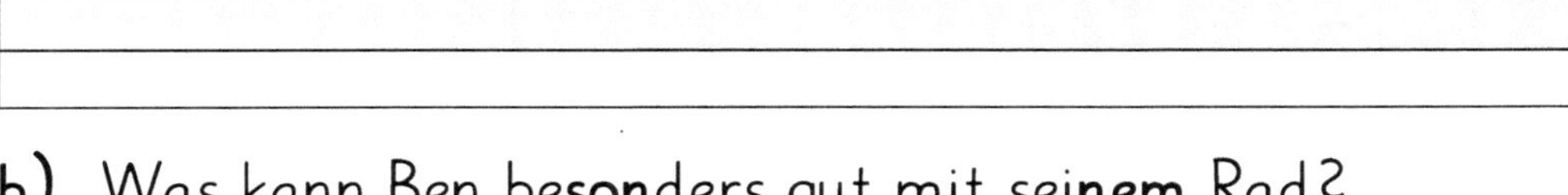

b) Was kann Ben besonders gut mit seinem Rad?

c) Wer fährt mit Ben zusammen Rad?

d) Was hat Lilly dabei?

LESETRAINING IN DREI NIVEAUSTUFEN
1. Schuljahr – Bestell-Nr. 16 701

# 3. Der Gipsarm

Leni hat einen Gips am Arm. Viele Kinder aus der Klasse haben darauf unterschrieben. Beim Schaukeln hat sich Leni den Arm gebrochen. Das hat sehr wehgetan. Leni bekam einen Gips um den Arm. Jetzt kann der Arm wieder heilen.

**1** *Male ein Bild. Darauf soll man erkennen:*
*Leni – Schaukel – Sturz*

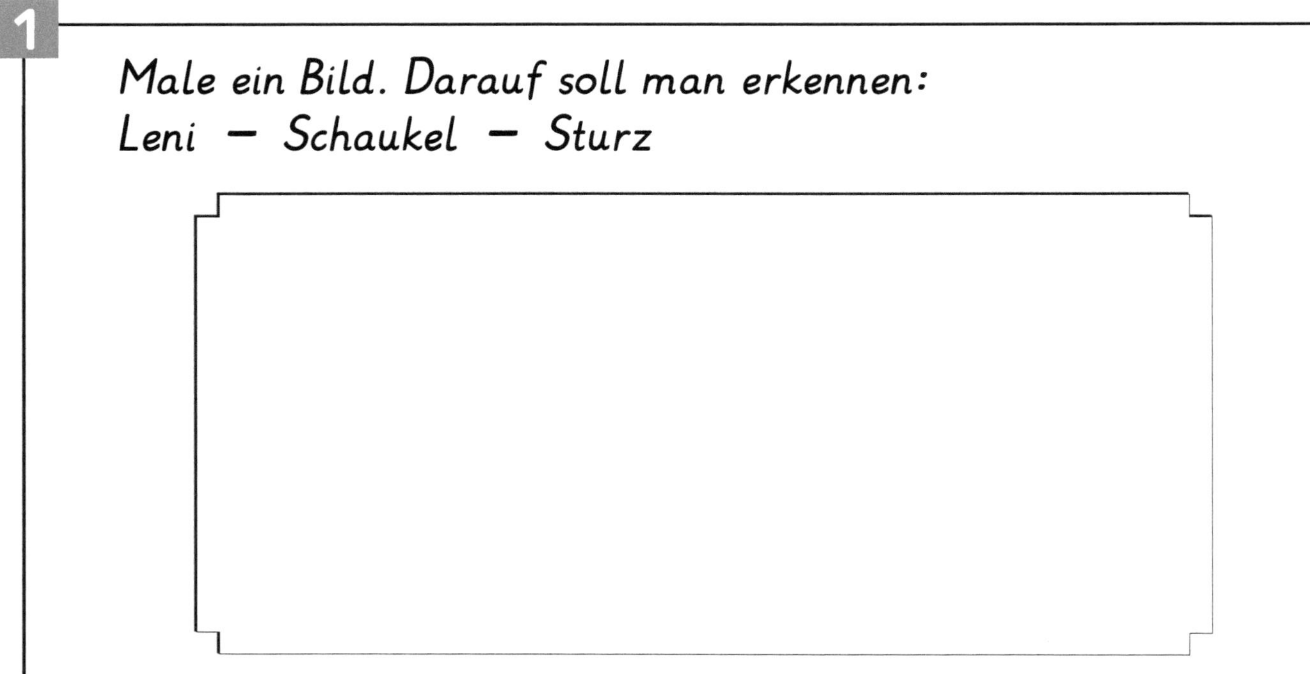

**2** *Verbinde Bilder und Wörter passend miteinander.*

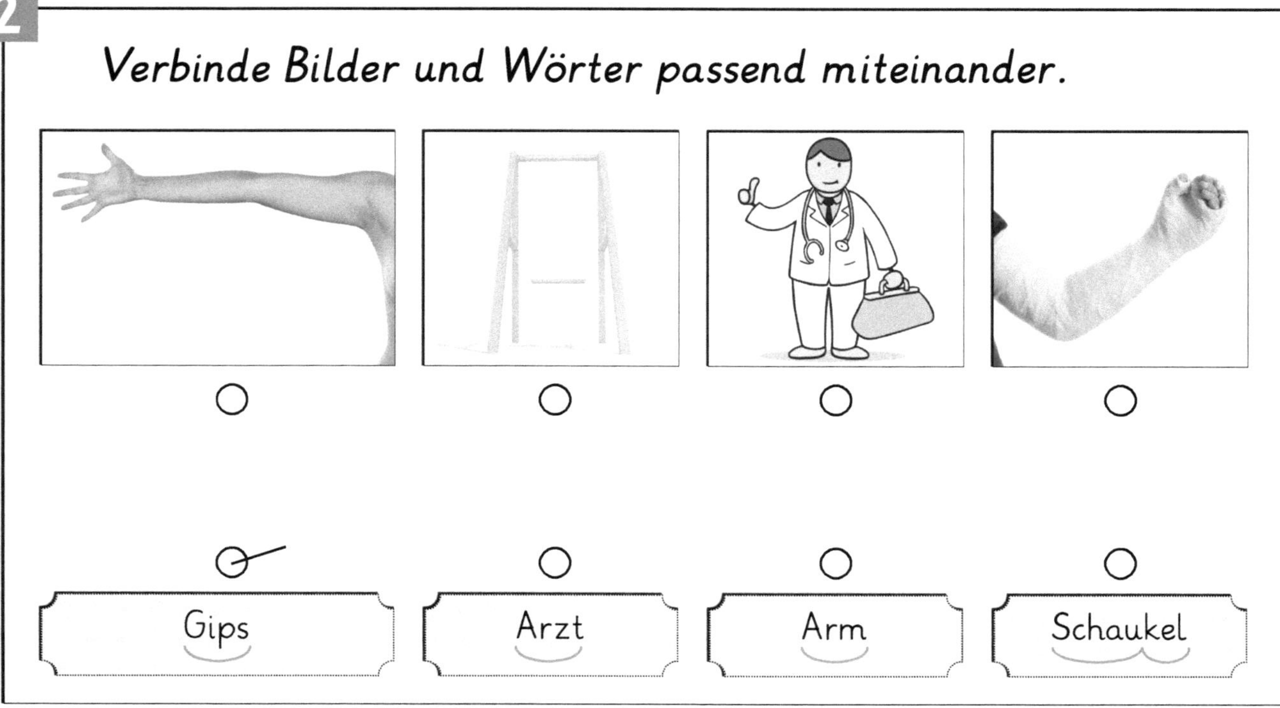

# 3. Der Gipsarm

!

Leni bewundert ihren Gipsarm. Fast alle Kinder aus der Klasse haben schon darauf unterschrieben. Pia hat sogar Blumen gemalt. Beim Springen von der Schaukel hat sich Leni den Arm gebrochen. Das hat sehr wehgetan. Im Krankenhaus bekam Leni einen Gips um den Arm. Jetzt kann der Arm schnell wieder heilen. Und Hausaufgaben muss sie für eine Weile auch nicht machen!

**1** *Schreibe je Bild einen kurzen Satz, der zur Geschichte passt.*

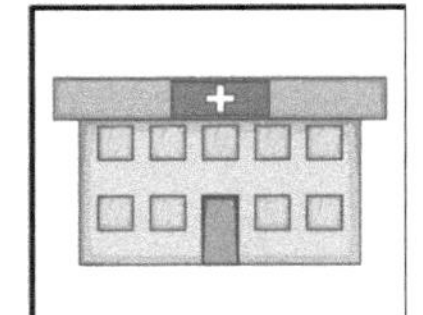
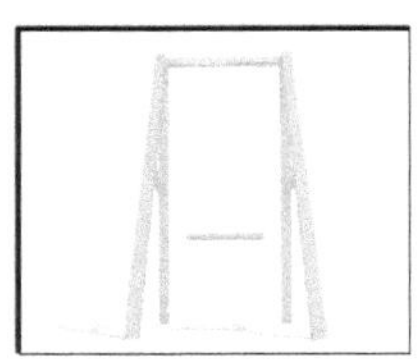
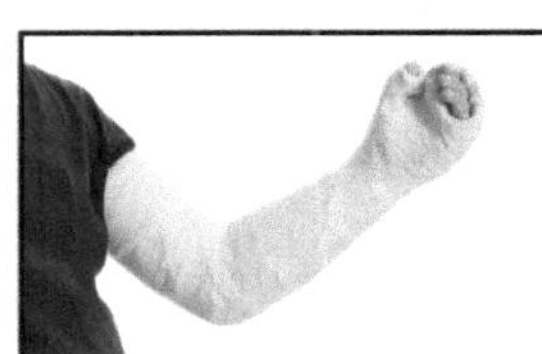

**2** *In der Geschichte sind einige falsche Wörter versteckt. Streiche sie durch.*

Beim Pupsen Spielen ist schnell ein Unfall passiert gehopst. So wie Leni haben tanzen sich schon keine viele Kinder etwas gebrochen. Dann bekommt man nie meist einen Gips um das verletzte Körperteil. Fußball Manchmal muss man sogar getanzt operiert werden. Aber danach ist sind die Schmerzen schon fast vergessen kaputt!

LESETRAINING IN DREI NIVEAUSTUFEN
1. Schuljahr – Bestell-Nr. 16 701
KOHL VERLAG Lernen mit Erfolg

# 3. Der Gipsarm

Bald hat Leni keinen Platz mehr auf ihrem Gipsarm. Fast alle Kinder aus ihrer Klasse haben schon darauf unterschrieben. Pia hat sogar einen Blumenstrauß neben ihre Unterschrift gemalt. Und Jonas hat seinen Namen zweifarbig geschrieben.

Nun findet Leni den Gips gar nicht mehr so schlimm. Als sie sich beim Abspringen von der Schaukel den Arm gebrochen hatte, hatte es sehr wehgetan. Und im Krankenhaus musste Leni ewig auf den Arzt warten. Aber so schlimm ist der Gips gar nicht. Und Mathehausaufgaben muss sie schließlich für eine Weile auch nicht machen!

**1**

*Was haben Jonas und Pia auf Lenis Gipsarm gemalt? Male und schreibe.*

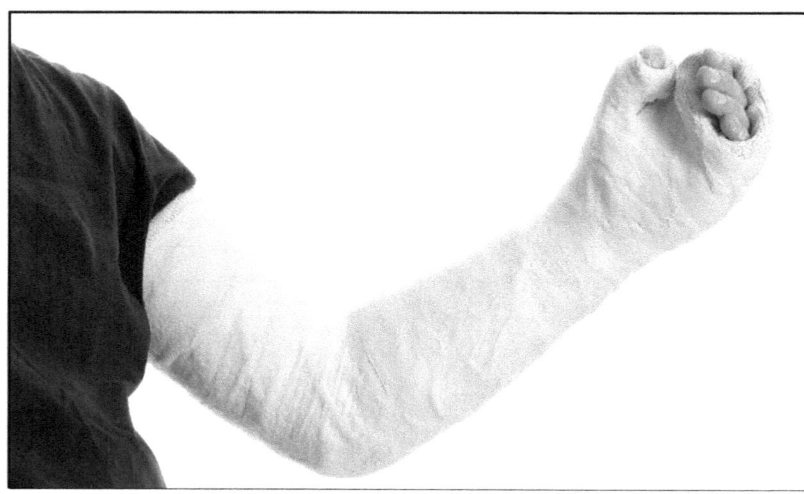

**2**

*In jeder Reihe passt ein Begriff nicht dazu. Streiche ihn weg.*

| | |
|---|---|
| a) | Schaukel – Rutsche – Sandkasten – Achterbahn – Klettergerüst |
| b) | Gipsarm – Krankenhaus – Käsefuß – Krankenschwester – Röntgenraum |
| c) | Mathehausaufgaben – Schulranzen – Sportunterricht – Pausenbrot – Schaukel |
| d) | schreiben – schaukeln – warten – Gipsarm – malen |

LESETRAINING IN DREI NIVEAUSTUFEN
1. Schuljahr – Bestell-Nr. 16 701

# 4. Leben im Teich

Hinter unserem Garten gibt es einen Teich. Letzte Woche habe ich schwarze Steine im Wasser gesehen. Doch das waren keine Steine, sondern Kaulquappen! Sie haben schon kleine Beine. Ich bin gespannt, wann kleine Frösche aus ihnen werden.

**1**

*Verbinde das Bild mit dem passenden Wort.*

| Fliege | Frosch | Kaulquappe | Teich |
|---|---|---|---|

**2**

*Hier verstecken sich 4 Tiere, die im und am Teich leben. Finde sie und schreibe sie auf.*

Re – te – Li – wurm –
Krö – bel – te – le – gen – En –

LESETRAINING IN DREI NIVEAUSTUFEN
1. Schuljahr – Bestell-Nr. 16 701

# 4. Leben im Teich

!

Hinter unserem Garten gibt es einen kleinen Teich. Ich spiele gerne dort. Letzte Woche habe ich kleine schwarze Steine im Wasser gesehen. Plötzlich haben sie sich bewegt! Es waren gar keine Steine, sondern Kaulquappen! Sie sind jetzt etwa so groß wie ein Knopf und haben kleine Beinchen. Es sind bestimmt Hunderte im Teich. Ich bin schon gespannt, wann kleine Frösche aus ihnen werden.

**1**

***Welches Tier ist gemeint? Male die Lösung.***

a) Ich bin ein Wasservogel. Mein Männchen hat farbiges und schillerndes Gefieder. Meine Füße sind zum Schwimmen gemacht. Du siehst mich auch in Bächen und kleinen Flüssen.

b) Ich verstecke mich in der Erde. Dort grabe ich Gänge und winde mich hindurch. Ich habe keine Arme oder Beine. Wenn du mich anfasst, fühle ich mich feucht und glitschig an.

c) Ich kann fliegen. Ich kann sehr klein, aber auch sehr groß sein. Mein Körper ist länglich. Meine Flügel sind durchsichtig und machen manchmal ganz schön Lärm.

LESETRAINING IN DREI NIVEAUSTUFEN
1. Schuljahr – Bestell-Nr. 16 701

KOHL VERLAG

# 4. Leben im Teich

!

## 2

*Hier verstecken sich 4 Tiere, die im und am Teich leben. Finde sie und schreibe sie auf.*

Re – te – Li – wurm –
Krö – bel – te – le – gen – En –

## 3

*Was gehört zusammen? Verbinde richtig.*

Frosch ○ | ○ 

○ | ○ 

Kuh ○ | ○ 

○ | ○ 

Hund ○ | ○ 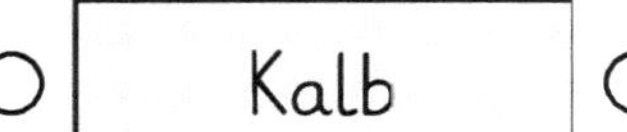

○ | ○ 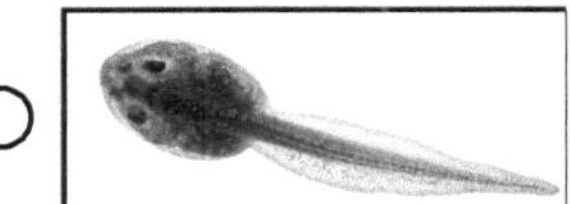

Pferd ○ | ○ 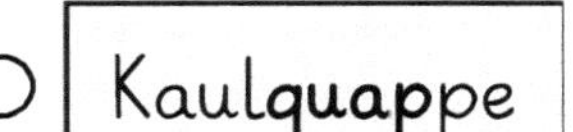

○ | ○ 

LESETRAINING IN DREI NIVEAUSTUFEN
1. Schuljahr – Bestell-Nr. 16 701
KOHL VERLAG Lernen mit Erfolg

# 4. Leben im Teich

★

Hinter unserem Garten gibt es einen kleinen Teich. Ich spiele gerne dort und besonders schön ist es, wenn mir das Wasser um die Gummistiefel schwappt. Letzte Woche ist mir etwas Lustiges passiert. Ich habe kleine schwarze Steine im Wasser gesehen. Als ich dann welche in einen Eimer legen wollte, haben sie sich bewegt! Beim genauen Hinsehen konnte ich erkennen, dass hinten kleine Beinchen zu sehen waren. Es waren gar keine Steine, sondern Kaulquappen! Sie sind schon etwa so groß wie mein Daumennagel und glänzend schwarz mit braunen Flecken. Schaut man genau hin, sind es sicher Hunderte. Ich bin schon gespannt, wann kleine Frösche aus ihnen werden und sie das Wasser verlassen können.

**1**

***Verbinde die Sätze mit dem passenden Bild.***

| | |
|---|---|
| 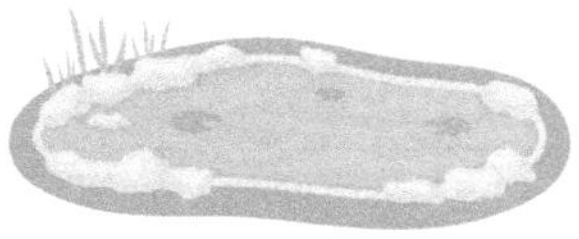 ○ | ○ Aus den Eiern werden einmal Frösche. |
| 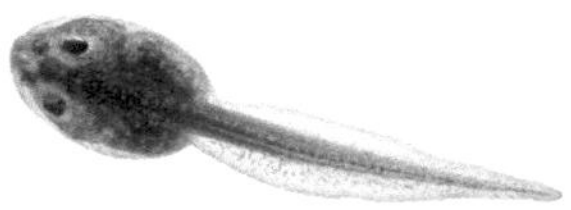 ○ | ○ Die kleinen Frösche fressen viele Fliegen. |
|  ○ | ○ In unserem Garten haben wir einen kleinen Teich angelegt. |
|  ○ | ○ Ich habe kleine Kaulquappen entdeckt. |

LESETRAINING IN DREI NIVEAUSTUFEN
1. Schuljahr – Bestell-Nr. 16 701
KOHL VERLAG Lernen mit Erfolg

# 4. Leben im Teich

✶

## 2

*Ordne die Sätze in die richtige Reihenfolge. Schreibe die Zahlen 1 bis 5 davor.*

| | Der Grasfrosch |
|---|---|
| | Nach etwa 5 Tagen schlüpfen Kaulquappen mit Ruderschwanz. Sie fressen Pflanzenreste und Algen im Teichwasser. |
| | Ist die Entwicklung abgeschlossen, steigt das Tier aus dem Wasser. Der kleine Frosch ist erst etwa einen Zentimeter groß und wächst auch an Land noch kräftig. |
| | Der Grasfrosch legt seine Eier ab. Dies nennt man laichen. |
| | Nach etwa 4–6 Wochen wachsen die Hinterbeine. Bald darauf sieht man auch die Vorderbeinchen. |
| | Der Körper verändert sich aber auch innerlich. Man sieht es nicht, aber es entwickelt sich eine Lunge. Auch die Vorderbeinchen werden größer. |

## 3

*In jeder Reihe passt ein Begriff nicht dazu. Streiche ihn weg.*

| | |
|---|---|
| a) | Teich – See – Bach – Parkplatz – Meer |
| b) | Gummistiefel – T-Shirt – Sandalen – Hausschuhe – Badeschlappen |
| c) | Woche – Tag – Monat – Fahrrad – Jahr |
| d) | schwarz – braun – gelb – trocken – grün – rot |

LESETRAINING IN DREI NIVEAUSTUFEN
1. Schuljahr – Bestell-Nr. 16 701

# 5. Piratengebiet

Am Eingang der Hütte steht ein großes Verbotsschild. Tim, Leo, Mira und Mats haben nämlich eine Bande, die Schwarzbärte. Zusammen haben sie sich eine kleine Hütte gebaut. Jetzt wollen sie als Bande etwas erleben. Ob sie wohl bald auf Schatzsuche gehen?

**1**

*Wie könnte wohl die Flagge der Bande aussehen? Gestalte die Flagge.*

**2**

*In der Schatztruhe sind 5 Piratenwörter versteckt. Setze sie richtig zusammen und schreibe sie auf.*

schiff – Schwarz– münzen – tuch – Segel – truhe – Gold – Kopf – bärte – Schatz –

1.

2.

3.

4.

5.

LESETRAINING IN DREI NIVEAUSTUFEN
1. Schuljahr – Bestell-Nr. 16 701

# 5. Piratengebiet

**!**

„Betreten verboten! Piratengebiet!" steht am Eingang der Hütte. Schließlich soll keiner einfach in die Hütte der Schwarzbärte kommen. Tim, Leo, Mira und Mats haben nämlich eine Bande. Aus den Geräteschuppen ihrer Eltern durften sie Bretter nehmen. Damit haben sie sich eine kleine Hütte gebaut. Jetzt wollen sie als Bande etwas erleben. Ob sie wohl bald auf Schatzsuche gehen?

**1**

*Was steht an der Hütte? Lies genau und schreibe dazu.*

**2**

*Setze die Sätze richtig zusammen. Verbinde die beiden Teile.*

| | | | |
|---|---|---|---|
| Die Hütte | ○ | ○ | nennt sich Schwarzbärte. |
| Die Bande | ○ | ○ | sucht man mit einer Schatzkarte. |
| Die Kinder | ○ | ○ | ist wohl der Chef der Bande? |
| Einen Schatz | ○ | ○ | gehört der Bande. |
| Wer | ○ | ○ | wollen auf Schatzsuche gehen. |

LESETRAINING IN DREI NIVEAUSTUFEN
1. Schuljahr – Bestell-Nr. 16 701

# 5. Piratengebiet

★

„Betreten verboten! Piratengebiet!" steht auf dem Schild am Eingang der Hütte. Tim findet, dass das ganz schön gefährlich klingt. Und schließlich soll ja keiner einfach in die Hütte der Schwarzbärte kommen. So nennen sich nämlich Tim, Leo, Mira und Mats, wenn sie mit ihrer Bande zusammen sind. Aus den Geräteschuppen der Eltern durften sie Bretter nehmen. Damit haben sie sich hinter der großen Brombeerhecke eine kleine Hütte gebaut. Jetzt sind die Schwarzbärte abenteuerlustig und wollen etwas erleben. Ob sie wohl bald auf Schatzsuche gehen?

## 1

*Welche Wörter passen nicht dazu? Streiche sie durch.*

| | | | | |
|---|---|---|---|---|
| a) | Segel | Bremse | Mast | Anker |
| b) | Kopftuch | Augenklappe | Holzbein | Gipsarm |
| c) | Weste | Sturm | Wellen | Leuchtturm |
| d) | Kombüse | Deck | Kabine | Cockpit |
| e) | Polizist | Pirat | Koch | Kapitän |

## 2

*Richtig oder falsch? Kreuze an.*

| | | richtig | falsch |
|---|---|---|---|
| 1. | Am Eingang der Hütte hängt ein Schild. | | |
| 2. | Darauf steht: „Betreten verboten! Piratengebiet!" | | |
| 3. | So heißt die Bande von Tim, Leo, Mira und Mats. | | |
| 4. | Aus Brettern haben sie eine Brücke gebaut. | | |
| 5. | Jetzt sind die Rotbärte abenteuerlustig. | | |
| 6. | Ob sie wohl bald auf Schatzsuche gehen? | | |

KOHL VERLAG Lernen mit Erfolg
LESETRAINING IN DREI NIVEAUSTUFEN
1. Schuljahr – Bestell-Nr. 16 701

# 5. Piratengebiet

★

**3** Ordne die Sätze und schreibe sie richtig auf.

a) gegründet. – Die Kinder – eine Bande – haben zusammen

b) Die Bande – eine Hütte – gebaut. – aus Brettern – hat sich

c) Ein Schild – Fremde – soll – abschrecken.

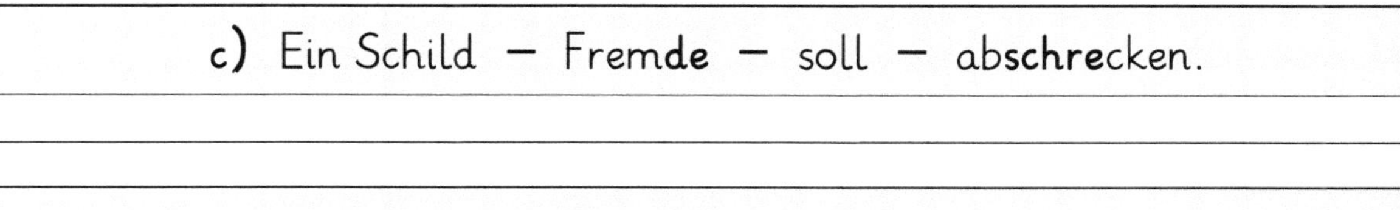

d) viele Abenteuer – Die – wollen – Schwarzbärte – erleben.

# 6. Hauptgewinn

Janne liebt den Jahrmarkt. Er mag die bunten Lichter und auch die laute Musik. Und heute ist etwas Tolles passiert. Janne hat bei den Losen einen riesigen Tiger aus Plüsch gewonnen. Er schafft es kaum, ihn zu tragen. Da hat er morgen in der Schulpause etwas zu erzählen!

## 1

***Was isst Janne auf dem Jahrmarkt?***
***Verbinde Bilder und Wörter passend.***

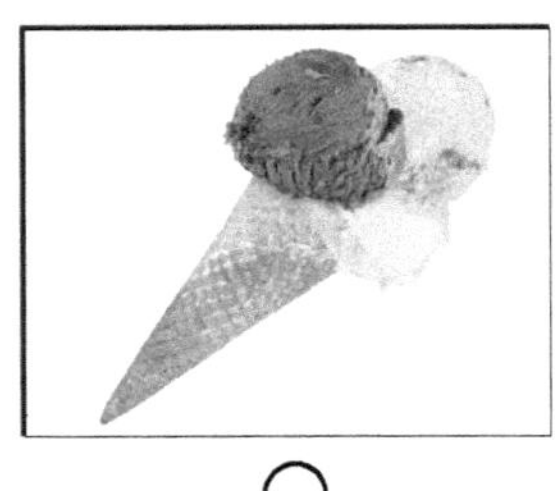

| Zuckerwatte | Bratwurst | Eis | gebrannte Mandeln |
|---|---|---|---|

## 2

***Hier fehlen die Selbstlaute (Vokale). Setze a, e, i, o, u ein.***

Jann___ darf heut___ L___se ziehen.

___r gewinnt ein___n T___ger. D___s ___st t___ll!

H___st d___ auch sch___n einmal ___twas gew___nnen?

LESETRAINING IN DREI NIVEAUSTUFEN
1. Schuljahr – Bestell-Nr. 16 701

# 6. Hauptgewinn

!

Am liebsten würde Janne noch auf dem Jahrmarkt bleiben. Er mag die blinkenden Lichter und auch die laute Musik. Heute hat Janne an der Losbude sogar den Hauptgewinn gezogen: einen Tiger aus Plüsch. Janne schafft es kaum, ihn zu tragen, so groß ist er. Er ist mächtig stolz. Da hat er morgen auf dem Schulhof etwas zu erzählen!

**1**

*Was isst Janne auf dem Jahrmarkt? Finde die Namen.*

Brat – deln – te – cker – wat – Zu – Man – wurst

**2**

*Was gibt es auf dem Jahrmarkt? Finde die 6 Begriffe und male jeden in einer eigenen Farbe an.*

| Z | E | O | L | S | G | E | I | S | T | E | R | B | A | H | N | D | G | K | I |
|---|---|---|---|---|---|---|---|---|---|---|---|---|---|---|---|---|---|---|---|
| A | B | H | K | E | Z | U | S | V | T | I | O | S | F | Ö | E | Z | O | X | L |
| F | A | C | H | T | E | R | B | A | H | N | T | U | I | M | A | W | I | P | O |
| P | E | T | G | J | A | S | R | M | R | I | E | S | E | N | R | A | D | I | S |
| S | R | Z | H | C | J | K | E | S | H | L | P | N | E | T | B | H | S | U | B |
| G | S | Ü | S | S | I | G | K | E | I | T | E | N | S | T | A | N | D | L | U |
| S | Z | K | P | T | Z | M | C | N | S | T | A | P | N | I | O | S | E | R | D |
| K | A | R | U | S | S | E | L | W | Z | R | M | L | I | C | D | E | K | Y | E |

# 6. Hauptgewinn

Am liebsten würde Janne noch einmal eine Extrarunde über den Jahrmarkt drehen. Er mag den Geruch von gebrannten Mandeln, die blinkenden Lichter und auch die vielen Stimmen und die laute Musik. Aber heute ist das alles Nebensache. Janne hat nämlich an der Losbude den Hauptgewinn gezogen: einen Tiger aus Plüsch. Der ist fast so groß wie Jannes Papa und Janne schafft es kaum, ihn zu tragen. Alle Leute drehen sich um und Janne platzt fast vor Stolz. Da hat er morgen in der Schule etwas zu erzählen.

**1**

*Was gibt es auf dem Jahrmarkt? Finde die 6 Begriffe. Male jeden in einer eigenen Farbe an.*

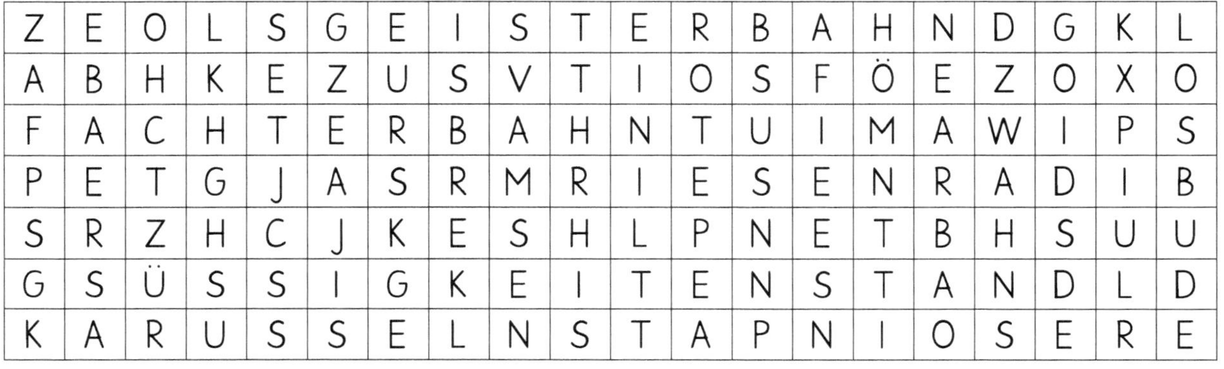

| Z | E | O | L | S | G | E | I | S | T | E | R | B | A | H | N | D | G | K | L |
|---|---|---|---|---|---|---|---|---|---|---|---|---|---|---|---|---|---|---|---|
| A | B | H | K | E | Z | U | S | V | T | I | O | S | F | Ö | E | Z | O | X | O |
| F | A | C | H | T | E | R | B | A | H | N | T | U | I | M | A | W | I | P | S |
| P | E | T | G | J | A | S | R | M | R | I | E | S | E | N | R | A | D | I | B |
| S | R | Z | H | C | J | K | E | S | H | L | P | N | E | T | B | H | S | U | U |
| G | S | Ü | S | S | I | G | K | E | I | T | E | N | S | T | A | N | D | L | D |
| K | A | R | U | S | S | E | L | N | S | T | A | P | N | I | O | S | E | R | E |

**2**

*Antworte kurz.*

a) Wo geht Janne heute hin?

b) Was mag er auf dem Jahrmarkt besonders gerne?

c) Wieso hat Janne nun einen Tiger?

LESETRAINING IN DREI NIVEAUSTUFEN
1. Schuljahr – Bestell-Nr. 16 701
KOHL VERLAG Lernen mit Erfolg

# 7. Im Stadion

Jule findet Fußball toll. Sie spielt auch selbst. Auch Jules Papa verpasst kein Spiel seiner Lieblingsmannschaft. Heute hat er Jule mit ins Stadion genommen. Sie ist sehr aufgeregt. Gerade schießt der Stürmer auf das Tor. Ob er wohl trifft?

**1**

***Verbinde die Wörter mit dem passenden Bild.***

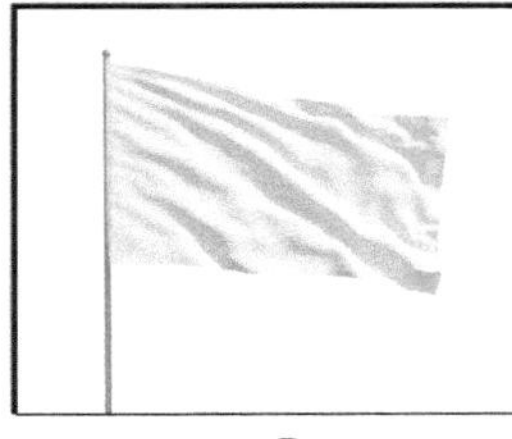

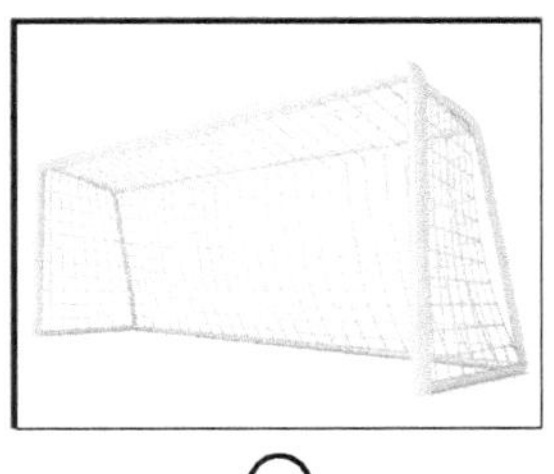

| Fahne | Tor | Fußball | Trikot |
| --- | --- | --- | --- |

**2**

***Male dazu, was du liest.***

Finn spielt Fußball.
Er trägt ein blaues Hemd.
Seine Haare sind blond.
Die Hose ist schwarz.

LESETRAINING IN DREI NIVEAUSTUFEN
1. Schuljahr – Bestell-Nr. 16 701
KOHL VERLAG Lernen mit Erfolg

# 7. Im Stadion

!

Das war ein Tor! Jule findet Fußball einfach spitze. Sie spielt schon seit dem Kindergarten Fußball. Das hat sie bestimmt von ihrem Papa. Der verpasst auch kein Spiel seiner Lieblingsmannschaft, den Kickers. Heute hat ihr Papa Jule zum Heimspiel mit ins Stadion genommen. Sie isst gerade eine Bratwurst und kann vor lauter Aufregung fast nicht hinschauen. Gerade schießt der Stürmer auf das Tor. Ob er wohl trifft?

**1**

*Verbinde die Satzteile miteinander.*

| | |
|---|---|
| Große Fußballturniere ○ | ○ bewacht der Torwart. |
| Das Tor ○ | ○ jubeln die Fans. |
| Bei einem Tor ○ | ○ ist schwarz-weiß. |
| Der Fußball ○ | ○ spielt man im Stadion. |

**2**

*In der Geschichte sind einige falsche Wörter versteckt. Streiche sie durch.*

Das war ein Tor! Jule findet Basketball Fußball einfach spitze. Sie spielt schon seit dem Kindergarten Fußball. Das hat sie bestimmt von ihrem Nachbarn Papa. Der verpasst auch kein Osterfest Spiel seiner Lieblingsmannschaft, den Kickers. Heute hat ihr Papa Jule zum Heimspiel mit ins Stadion Schwimmbad genommen. Sie isst gerade eine Bratwurst Apfel und kann vor lauter Aufregung fast nicht hinschauen. Gerade schießt der Stürmer auf das Tor. Ob er wohl schwimmt trifft?

LESETRAINING IN DREI NIVEAUSTUFEN
1. Schuljahr – Bestell-Nr. 16 701

# 7. Im Stadion

!

3

Würfle lustige Fußballernamen. Zuerst würfelst du für den Vornamen, dann für den Nachnamen. Schreibe sie dann auf.

⚀ ______

⚁ ______

⚂ ______

⚃ ______

⚄ ______

⚅ ______

______

______

| | | | |
|---|---|---|---|
| ⚀ | Bert | Torjäger | ⚀ |
| ⚁ | Freddy | Lattenschuss | ⚁ |
| ⚂ | Torli | Fußballkönig | ⚂ |
| ⚃ | Niko | Nasenbohrer | ⚃ |
| ⚄ | Rudolf | Riesenschuh | ⚄ |
| ⚅ | Felix | Feuerschuss | ⚅ |

LESETRAINING IN DREI NIVEAUSTUFEN
1. Schuljahr – Bestell-Nr. 16 701
KOHL VERLAG Lernen mit Erfolg

# 7. Im Stadion

Jubelnd reißt Jule die Arme hoch. Das war ja ein super Tor! Jetzt nur noch eines und die Kickers haben den Ausgleich erreicht ...

Jule findet Fußball einfach spitze. Sie spielt schon seit dem Kindergarten Fußball. Zuerst spielte Jule bei den Bambini und jetzt schon bei den Größeren. Das hat sie bestimmt von ihrem Papa. Der verpasst auch kein Spiel seiner Lieblingsmannschaft, den Kickers. Und weil Jule es sich schon so lange gewünscht hat, hat ihr Papa sie heute zum ersten Mal zum Heimspiel mit ins Stadion genommen. Jetzt isst sie eine Bratwurst und kann vor lauter Aufregung fast nicht hinschauen. Gerade zielt der Stürmer Roberto Robertini auf das Tor. Ob er wohl trifft?

## 1

*Beantworte die Fragen.*

a) Wer darf heute mit Papa ins Stadion?

_______________________________________________

b) Welche Mannschaft findet Jule toll?

_______________________________________________

c) Wo findet das Spiel statt?

_______________________________________________

d) Wie heißt der Stürmer?

_______________________________________________


LESETRAINING IN DREI NIVEAUSTUFEN
1. Schuljahr – Bestell-Nr. 16 701

# 7. Im Stadion

★

**2**

Würfle lustige Fußballernamen. Zuerst würfelst du für den Vornamen, dann für den Nachnamen. Finde noch eigene Beispiele. Schreibe sie dann auf.

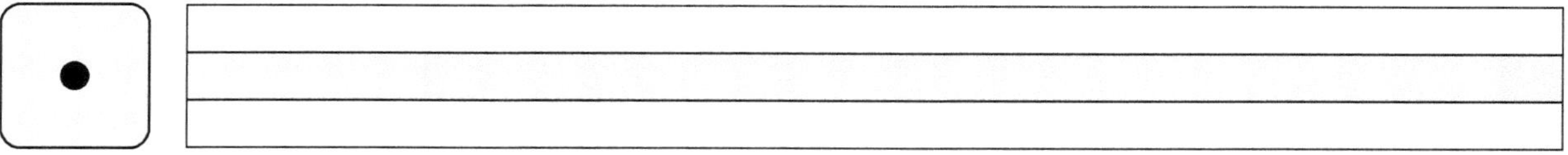

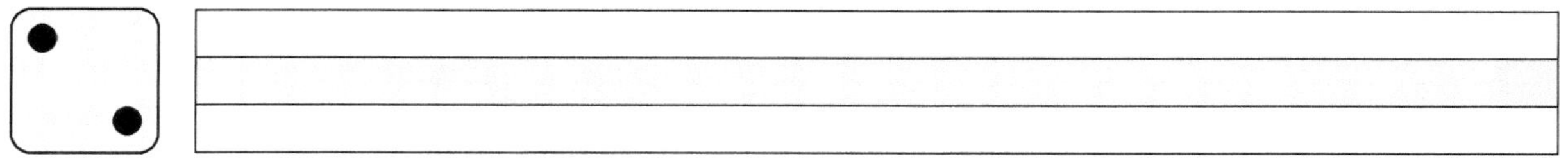

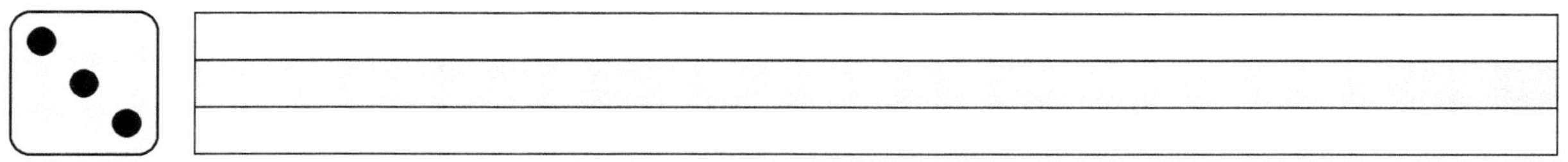

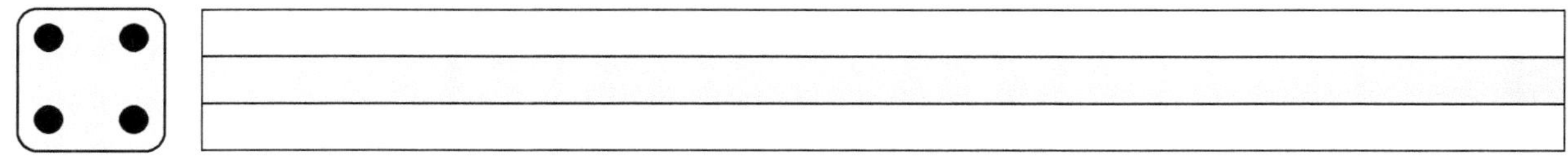

| Würfel | Vorname | Nachname | Würfel |
|---|---|---|---|
| 1 | Bert | Torjäger | 1 |
| 2 | Freddy | Lattenschuss | 2 |
| 3 | Torli | Fußballkönig | 3 |
| 4 | Niko | Nasenbohrer | 4 |
| 5 | Rudolf | Riesenschuh | 5 |
| 6 | Felix | Feuerschuss | 6 |

# 8. Freundinnen?

Nele ist sauer. So hat sie ihre Freundin Emilie noch nie erlebt. Den ganzen Tag schon spielt Emilie nur mit anderen Mädchen. Und nun hat sie auch noch Witze über Neles Haare gemacht. Wie gemein!

**1**

*Wer sind deine Freunde?*
*Male sie auf. Schreibe ihre Namen dazu.*

**2**

*Was tun Freunde miteinander? Male dazu.*

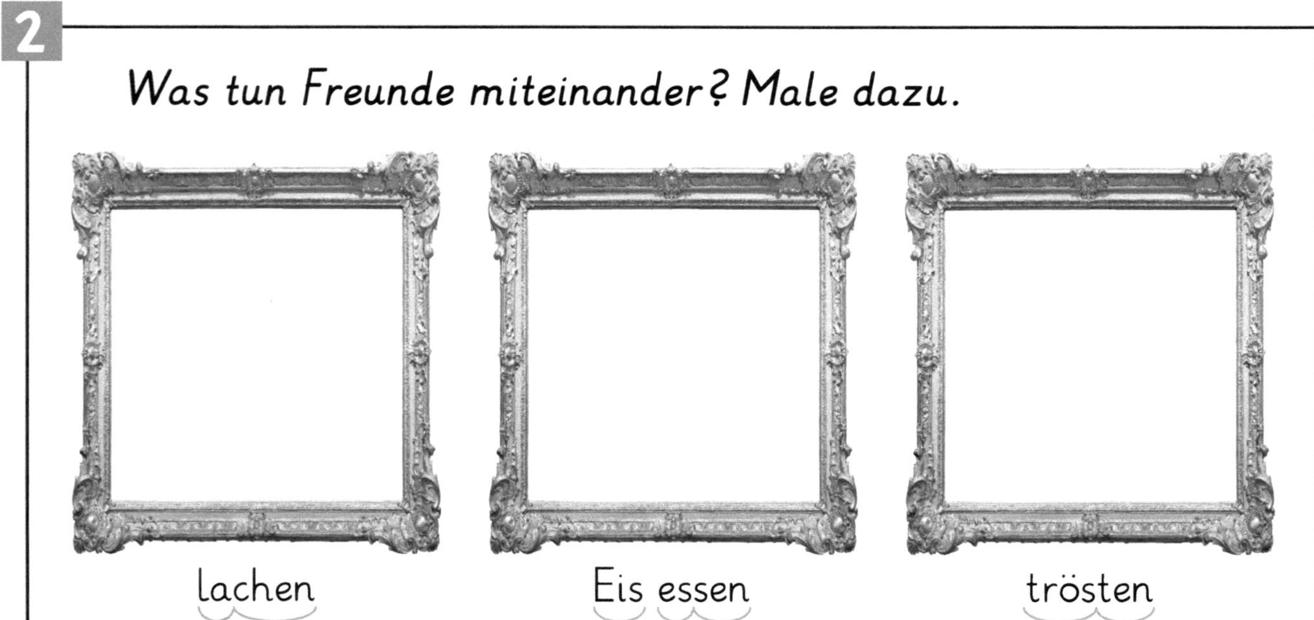


KOHL VERLAG Lernen mit Erfolg
LESETRAINING IN DREI NIVEAUSTUFEN
1. Schuljahr – Bestell-Nr. 16 701

# 8. Freundinnen?

!

Nele ist total sauer. So hat sie ihre Freundin Emilie noch nie erlebt. Sie weiß gar nicht, was sie falsch gemacht hat. Den ganzen Tag schon spielt Emilie nur mit anderen Mädchen. Und nun hat sie vor allen auch noch Witze über Neles rote Haare gemacht: „Karottenkopf!" Wie gemein!

## 1

*Auf dem Bild siehst du Neles Freundin Emilie mit einem anderen Mädchen. Male Nele dazu. Was weißt du über sie?*

## 2

*Was sollte ein echter Freund/Freundin tun?*

| | | richtig | falsch |
|---|---|---|---|
| 1. | Ein Freund sollte dich trösten, wenn du einmal traurig bist. | | |
| 2. | Ein Freund darf auch einmal mit jemand anderem spielen. | | |
| 3. | Ein Freund sollte nie die Wahrheit sagen, auch wenn du etwas falsch gemacht hast. | | |

LESETRAINING IN DREI NIVEAUSTUFEN
1. Schuljahr – Bestell-Nr. 16 701
KOHL VERLAG Lernen mit Erfolg

# 8. Freundinnen?

„Wenn du das noch einmal sagst, bist du nicht mehr meine Freundin!" Nele ist total sauer. So hat sie ihre Freundin Emilie noch nie erlebt. Dabei weiß sie gar nicht, wieso Emilie heute nicht mit ihr redet. Den ganzen Tag schon spielt sie nur mit Hanna und Thea. Und gerade eben hat sie vor allen anderen Kindern Witze über Neles rote Haare gemacht: „Du bist ein Karottenkopf!" Und noch schlimmer: „Bin ich froh, dass ich so schöne blonde Haare habe!" Wie gemein!

**1**

*Streiche durch, was nicht zum Bild passt.*

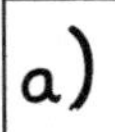

Das ist Nele. Nele weint.

Nele hat langes rotes Haar.

Nele blinzelt.

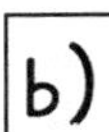

Nele wird von den Mädchen ausgelacht.

Die Mädchen spielen mit Nele.

Die Mädchen zeigen mit dem Finger auf Nele.

c)

Nele ist sauer und verletzt.

Emilie entschuldigt sich bei Nele.

Emilie ist froh, dass sie blonde Haare hat.

**2**

*Was könnte Nele jetzt tun?*
*Male und schreibe dazu auf ein Extrablatt ...*

LESETRAINING IN DREI NIVEAUSTUFEN
1. Schuljahr – Bestell-Nr. 16 701

# 9. Ein Astronaut im All

Marco betritt in seinem dicken Raumanzug den Planeten. Auf dem Boden des Planeten gibt es viele Löcher. Marco ist der erste Astronaut auf diesem Planeten. Eine Kamera überträgt alles auf die Erde. Ob seine alten Lehrer und Mitschüler zuschauen? Da rüttelt jemand Marco: „Aufwachen, du Schlafmütze!"

**1**

*Finde alle Wörter in der Schlange.*
*Welche passen zur Geschichte? Schreibe sie auf.*

RAKETEBAUERWELTALLGEBURTSTAGPLANETGELDMONDBODENSTERNE

**2**

*Fülle den Lückentext aus.*
*Die Wörter in der Rakete helfen dir.*

Sterne
Mond
hell
Venus
rund
Mars

Am Himmel sieht man in der Nacht viele ______.
Sie leuchten schön ______ und man kann sie nicht zählen. Der ______ verändert sich immer.
Mal ist er dick und ______, dann wieder schmal.
Ich lese viel über Planeten. Besonders gerne mag ich ______ und ______.

LESETRAINING IN DREI NIVEAUSTUFEN
1. Schuljahr – Bestell-Nr. 16 701
Lernen mit Erfolg KOHL VERLAG

# 9. Ein Astronaut im All

!

Vorsichtig betritt Marco den Planeten. Sein dicker Raumanzug hindert ihn ein wenig. Auf dem Boden taucht immer wieder ein Loch auf. Aber bei unbekannten Planeten ist das wohl so! Marco ist der erste Astronaut auf diesem Planeten. Die Helmkamera überträgt alles was Marco erlebt auch auf die Erde. Ob seine alten Lehrer und Mitschüler wohl zuschauen? Da rüttelt jemand Marco an der Schulter: „Aufwachen, du Schlafmütze!"

## 1

*Richtig oder Falsch? Kreuze an.*

| | | richtig | falsch |
|---|---|---|---|
| 1. | Marco betritt den fremden Planeten. | | |
| 2. | Der Boden ist ohne Löcher. | | |
| 3. | Marco filmt mit seiner Helmkamera. | | |
| 4. | Marco ist auf dem Planeten eingeschlafen. | | |

## 2

*Ordne Wörter und schreibe sie richtig auf.*

| | |
|---|---|
| Rangauzum | |
| tstrAonau | |
| etReak | |
| usVne | |
| oPult | |

LESETRAINING IN DREI NIVEAUSTUFEN
1. Schuljahr – Bestell-Nr. 16 701
KOHL VERLAG Lernen mit Erfolg

# 9. Ein Astronaut im All

★

Vorsichtig setzt Marco beim Betreten des Planeten einen Fuß vor den anderen. Sein dicker weißer Raumanzug hindert ihn ein wenig beim Gehen. Die Oberfläche des Bodens ist ganz uneben. Immer wieder taucht ein kleines Loch auf. Man weiß nie, wie tief es wirklich ist. Aber bei unbekannten Planeten ist das wohl so! Marco ist der erste Astronaut, der diesen Planeten erforschen darf. Auf der Raumstation verfolgen die anderen Raumfahrer gespannt, was er erlebt. Die Helmkamera überträgt alles auch auf die Erde. Ob seine alten Lehrer und Mitschüler wohl zuschauen? Da rüttelt jemand Marco heftig an der Schulter: „Aufwachen, du Schlafmütze!"

**1**

***Ordne die Sätze richtig. Schreibe sie dann auf.***

a) Raumstation. – Im All – in einer – die Raumfahrer – leben

b) verschiedenen Ländern – miteinander. – Die Astronauten – und – stammen aus – sprechen darum Englisch

c) gesund – Um – und mutig – Raumfahrer – sein. – zu werden, – musst du

KOHL VERLAG Lernen mit Erfolg
LESETRAINING IN DREI NIVEAUSTUFEN
1. Schuljahr – Bestell-Nr. 16 701

# 9. Ein Astronaut im All

★

## 1

Richtig oder Falsch? Kreuze an.

| | richtig | falsch |
|---|---|---|
| 1. Marco betritt den fremden Planeten und setzt vorsichtig einen Fuß vor den anderen. | | |
| 2. Der Boden des Planeten ist ohne Löcher. | | |
| 3. Marco filmt mit seiner Helmkamera, die alles auf die Erde überträgt. | | |
| 4. Marco ist auf dem Planeten eingeschlafen. | | |

## 2

Ordne die Buchstaben und schreibe das Wort richtig auf.

Rangauzum ______________________

tstrAonau ______________________

akaleHmmre ______________________

## 3

Finde etwas über diese Planeten heraus und schreibe zu jedem wichtige Informationen auf. Du kannst Bücher oder das Internet nutzen.

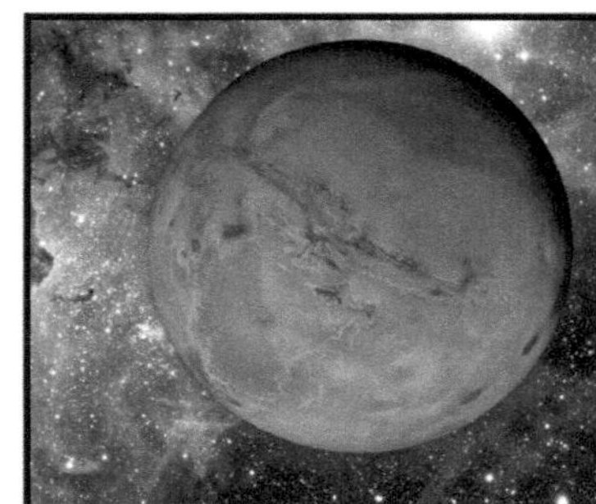  

KOHL VERLAG Lernen mit Erfolg
LESETRAINING IN DREI NIVEAUSTUFEN
1. Schuljahr – Bestell-Nr. 16 701

# 10. Abenteuer auf der Burg

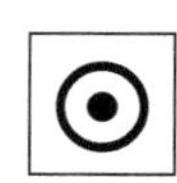

Mia besucht mit Mama und Papa die Burg Fleckenstein. Sie macht große Augen. Besonders gefallen ihr die alten Rüstungen. Als Mia sich noch einmal umschaut, ist sie sich sicher: Der Ritter hat sich bewegt! Soll sie wirklich nachsehen?

**1**

*Alle diese Dinge haben etwas mit Rittern zu tun.*
*Verbinde sie mit dem passenden Bild.*

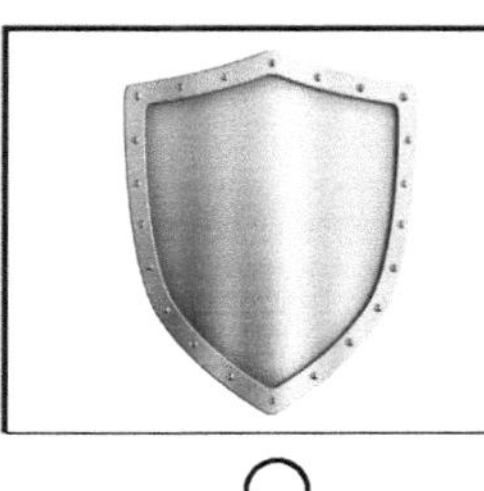

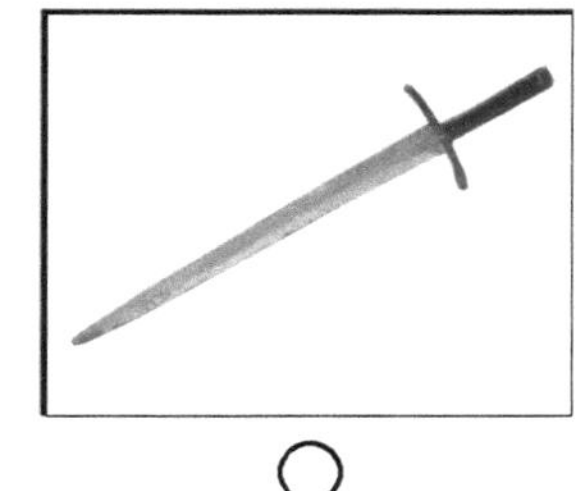

| Schild | Turm | Burg | Schwert |
|---|---|---|---|

**2**

*Streiche die falsche Antwort weg.*

a) Mia besucht heute | ein Schloss | eine Burg | .

b) Auf der Burg lebten früher | Ritter | Dinos | .

c) Mia gefallen besonders | die Prinzessinnenkleider | die Rüstungen | .

LESETRAINING IN DREI NIVEAUSTUFEN
1. Schuljahr – Bestell-Nr. 16 701
Lernen mit Erfolg KOHL VERLAG

# 10. Abenteuer auf der Burg

!

Zusammen mit ihren Eltern besucht Mia die alte Burg Fleckenstein. Sie macht große Augen, denn eine so große Burg hat sie nicht erwartet. Sie schauen alle Räume an, auch den hohen Turm und den riesigen Rittersaal mit seinen Wappen und Rüstungen. Als sich Mia noch einmal umdreht, stutzt sie: Eine Rüstung hat sich bewegt! Soll sie wirklich nachsehen?

## 1

*Zu jedem Satz passt ein Bild. Verbinde sie miteinander.*

a) Auf der Burg lebten früher Ritter. 

b) Mia ist mit ihren Eltern unterwegs.

c) Zur Burg gehört auch ein hoher Turm.

## 2

*Richtig oder Falsch? Kreuze an.*

| | | richtig | falsch |
|---|---|---|---|
| 1. | Mia besucht die alte Burg Fleckenstein. | | |
| 2. | So eine große Burg findet Mia langweilig. | | |
| 3. | Im Rittersaal gibt es Wappen und Rüstungen | | |
| 4. | Eine Rüstung hat sich bewegt! | | |

LESETRAINING IN DREI NIVEAUSTUFEN
1. Schuljahr – Bestell-Nr. 16 701

# 10. Abenteuer auf der Burg

!

**3**

*Ordne die Buchstaben und schreibe das Wort richtig auf.*

irttRaesal ➔

ppWaen ➔

ungRstü ➔

**4**

*Beantworte die Fragen kurz.*

a) Welche Burg schaut sich Mia heute an?

b) Was hat sich plötzlich bewegt?

c) Wer begleitet Mia heute?

# 10. Abenteuer auf der Burg

Zusammen mit ihren Eltern besucht Mia heute die tolle alte Burg Fleckenstein. Sie macht große Augen, denn das hat sie nicht erwartet! Bei einer Führung schauen sie sich alle Räume an. Mia klettert die hundert Stufen zum Turm hinauf und bewundert im Rittersaal die alten Rüstungen. Doch was war das? Hat sich diese Rüstung gerade bewegt? Mia geht einen Schritt darauf zu und lacht dann los. Ein graues Mäuschen huscht aus dem Visier und flitzt um die nächste Ecke.

## 1

*In jeder Reihe findest du ein falsches Wort. Streiche es durch.*

| | | | | |
|---|---|---|---|---|
| a) | Turm | Rittersaal | Verlies | Garage |
| b) | Schmied | Busfahrer | Magd | Ritter |
| c) | Mittelalter | Burgen | Schulranzen | König |

## 2

*Beantworte die Fragen.*
*Setze die Antworten dann in das Rätsel ein.*

a) Wie heißt das Mädchen?

b) Wohin führen die hundert Stufen?

c) Was tragen die Ritter?

c) a) b) 4 3 1 2

Lösung: Wer war in der Rüstung versteckt?

1 2 3 4

LESETRAINING IN DREI NIVEAUSTUFEN
1. Schuljahr – Bestell-Nr. 16 701
KOHL VERLAG

# 11. Der Blumenstrauß

Nina hat einen Strauß gepflückt. Aber ihr Bruder Lars stöhnt. Die Blumen sind aus Mamas Beet im Garten! Doch Nina hat eine Idee. Sie stellt alle ihre Kuschelpferde ins leere Beet hinein. Was Mama jetzt wohl sagt?

**1** *Verbinde die Bilder mit dem passenden Wort. Ein Wort bleibt übrig.*

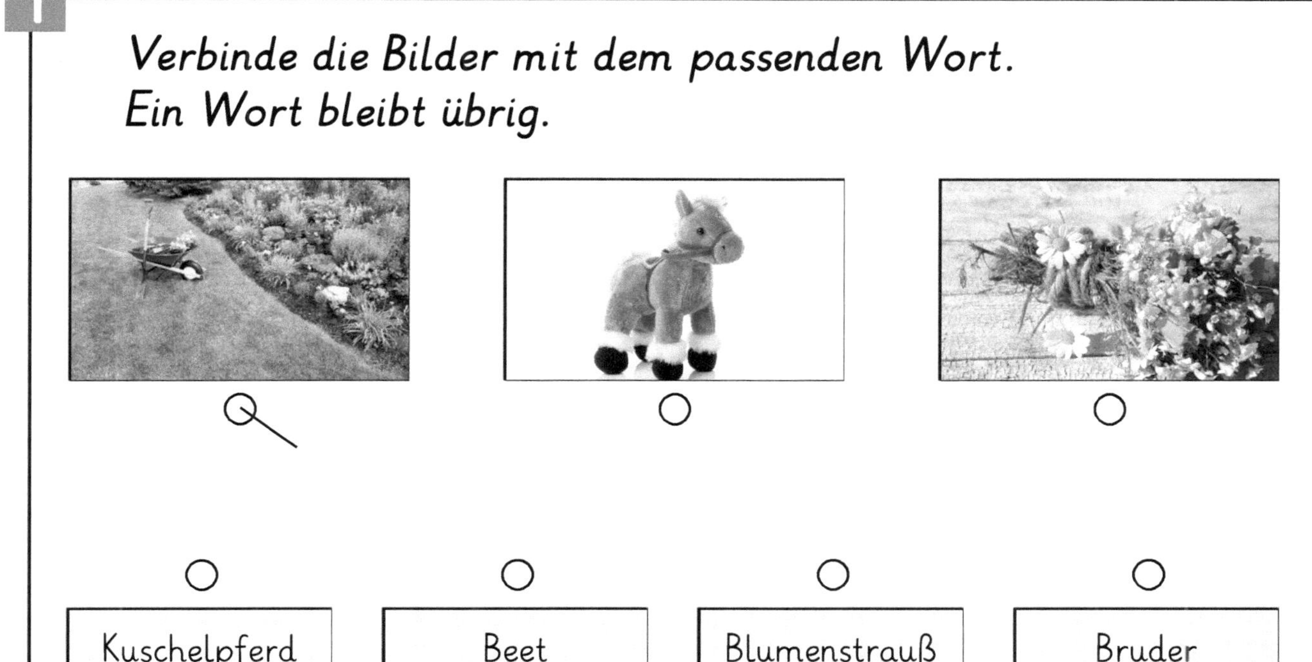

| Kuschelpferd | Beet | Blumenstrauß | Bruder |
|---|---|---|---|

**2** *Streiche das falsche Wort weg.*

a) Nina / Oma pflückt Blumen im Garten.

b) Nina macht aus den Blumen einen schönen Kuchen / Strauß.

c) Wird Mama mit Nina schimpfen / Hosen kaufen?

LESETRAINING IN DREI NIVEAUSTUFEN
1. Schuljahr – Bestell-Nr. 16 701

# 11. Der Blumenstrauß

!

Nina ist stolz. Sie hat für Mama einen Strauß gepflückt. Aber ihr Bruder stöhnt. Die Blumen stammen nämlich aus Mamas Beet im Garten! Doch Nina hat eine gute Idee! Sie stellt alle ihre Kuschelpferde ins leere Beet hinein. Mama kommt in den Garten und staunt. Dann lacht sie laut los!

## 1

*Hier findest du 3 Blumennamen in Silben.*
*Setze ihre Namen zusammen und schreibe sie auf.*

Tul – kus –
se – Kro –
Ro – pe

___

___

___

## 2

*Richtig oder falsch? Kreuze an.*

| | | richtig | falsch |
|---|---|---|---|
| 1. | Das Mädchen heißt Nina. | | |
| 2. | Nina pflückt im Garten Kirschen. | | |
| 3. | Nina stellt Kuschelpferde ins Beet. | | |

## 3

*Welche Wörter sind keine Namenwörter? Streiche sie durch.*

Nina | stöhnt | Strauß | nämlich | Idee | kommt | laut

# 11. Der Blumenstrauß

Nina ist stolz. Sie hat für Mama einen schönen Blumenstrauß gepflückt. Aber ihr Bruder Lars stöhnt. Die Blumen stammen nämlich aus Mamas schönem Blumenbeet im Garten. Doch Nina hat eine rettende Idee! Sie stellt einfach alle ihre Kuschelpferde in das leere Beet hinein. Mama kommt in den Garten und ist verdutzt. Doch dann lacht sie laut!

**1**

*Hier findest du 4 Blumennamen in Silben.*
*Schreibe sie richtig auf.*

Kro – se – Lö – zahn – kus – Ro – Tul – pe – wen

**2**

*Setze die fehlenden Wörter in das Rätsel ein.*

a) Ninas Bruder heißt ...

b) Was pflückt Nina im Garten?

c) Die Blumen stammen aus Mamas ...

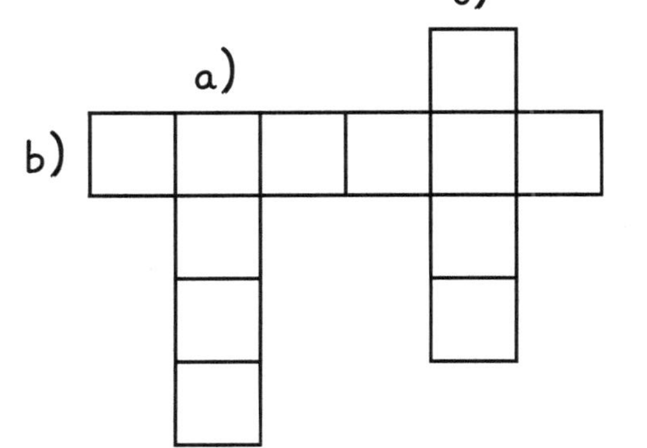


LESETRAINING IN DREI NIVEAUSTUFEN
1. Schuljahr – Bestell-Nr. 16 701
KOHL VERLAG

# 12. Fips, der Streuner

Niko hat Hunger. Er läuft schnell von der Schule heim. Doch was ist da hinter ihm? Niko hört Schritte und ein Schnaufen. Was ist das? Ein Monster? Niko läuft immer schneller. Dort ist das Gartentor. Gleich ist er in Sicherheit! Da wirft ihn etwas von hinten um. Niko fällt hin. Eine Zunge schleckt durch sein Gesicht. Das Monster war Fips, sein Hund! Niko lacht.

**1**

*Verbinde die Gegensätze.*

| | | | |
|---|---|---|---|
| sicher | ○ | ○ | langsam |
| schnell | ○ | ○ | trocken |
| nass | ○ | ○ | leer |
| voll | ○ | ○ | gefährlich |

**2**

*Was passt zum Bild? Kreuze die richtigen Wörter an.*

| | | | | | | |
|---|---|---|---|---|---|---|
| 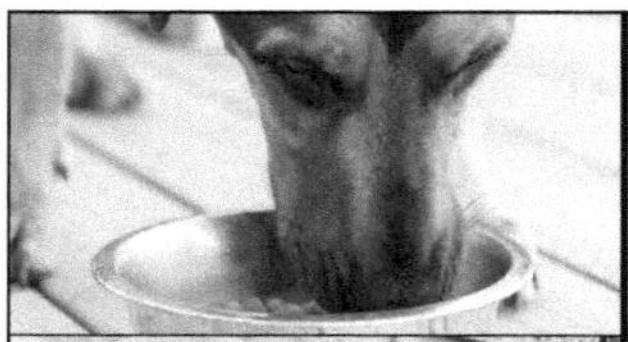 | ○ | Futter | ○ | Napf | ○ | Gabel und Messer |
|  | ○ | Zirkus | ○ | Leine | ○ | Halsband |
|  | ○ | Welpe | ○ | Spielzeug | ○ | Fernseher |
|  | ○ | Katze | ○ | Polizei | ○ | Uniform |

KOHL VERLAG Lernen mit Erfolg
LESETRAINING IN DREI NIVEAUSTUFEN
1. Schuljahr – Bestell-Nr. 16 701

# 12. Fips, der Streuner

!

Niko freut sich schon auf das Mittagessen. Er hat Hunger und läuft schnell von der Schule heim. Doch was ist da hinter ihm? Niko hört Schritte und ein Kratzen. Oje, jetzt schnauft es auch noch. Was ist das? Ein Monster? Oder ist es die Mumie aus dem Horrorfilm, den er angeschaut hat? Niko läuft immer schneller. Er traut sich nicht, sich umzusehen. Dort ist das Gartentor. Gleich ist er in Sicherheit! Da spürt Niko einen Stoß von hinten und fällt hin. Eine feuchte Zunge schleckt durch sein Gesicht. Das Monster hinter ihm war Fips, sein Hund! Niko lacht los.

**1**

*Verbinde die Satzteile.*

| | | | |
|---|---|---|---|
| Niko kommt | ○ | ○ | läuft hinter Niko. |
| Der Hund | ○ | ○ | fürchtet sich. |
| Niko | ○ | ○ | aber wieder lachen. |
| Am Ende kann Niko | ○ | ○ | aus der Schule. |

**2**

*Richtig oder falsch? Kreuze an.*

| | richtig | falsch |
|---|---|---|
| 1. Niko läuft schnell vom Fußballtraining nach Hause. | | |
| 2. Niko hört etwas hinter sich. | | |
| 3. Niko erreicht die Wohnungstüre. | | |
| 4. Nikos Hund heißt Karlo. | | |
| 5. Niko lacht los. | | |

# 12. Fips, der Streuner

Niko freut sich schon auf das Mittagessen. Er hat gewaltigen Hunger und läuft schnell von der Schule heim. Da stutzt er. Was ist da hinter ihm? Niko hört viele Schritte und ein Kratzen. Oje, jetzt schnauft und schmatzt es auch noch. Was ist das wohl? Ein Monster? Ein fieser Räuber? Oder ist es die Mumie aus dem Horrorfilm, den er gestern verbotenerweise angeschaut hat? Niko läuft immer schneller. Ihm wird ganz heiß und sein Herz schlägt immer schneller. Er traut sich nicht, sich umzusehen. Dort ist schon das Gartentor und er sieht Mama durch das Küchenfenster. Gleich ist er in Sicherheit! Da spürt Niko einen Stoß von hinten und fällt hin. Eine feuchte Zunge schleckt durch sein Gesicht. Das Monster hinter ihm war Fips, sein Hund! Niko ist erleichtert und lacht los.

**1**

***Ordne die Sätze richtig.***

a) Schule. – der – Niko – aus – kommt

b) hinter – Sein Hund – ihm. – läuft

c) Angst. – große – Niko – hat

d) wieder – Am Ende – kann – lachen. – Niko

LESETRAINING IN DREI NIVEAUSTUFEN
1. Schuljahr – Bestell-Nr. 16 701
KOHL VERLAG Lernen mit Erfolg

# 12. Fips, der Streuner

## 2

- *Finde alle 6 Begriffe in dem Suchsel.*
- *Male jedes in einer anderen Farbe aus.*
- *Schreibe die Wörter unten heraus.*

| D | F | M | B | I | N | L | A | D | E | G | T | S | E | I | P | L | D | M | W |
|---|---|---|---|---|---|---|---|---|---|---|---|---|---|---|---|---|---|---|---|
| H | K | U | T | K | Ü | C | H | E | N | F | E | N | S | T | E | R | O | O | C |
| F | R | M | A | W | H | I | P | L | C | E | D | Z | H | I | K | L | K | N | E |
| I | M | I | T | T | A | G | E | S | S | E | N | V | E | D | T | H | L | S | Y |
| P | D | E | B | K | L | A | E | N | Z | D | E | C | E | D | Z | P | S | T | J |
| S | E | V | E | D | T | K | U | G | A | R | T | E | N | T | O | R | E | E | K |
| A | G | S | R | B | U | K | P | L | E | V | R | H | U | D | R | T | Z | R | L |

## 3

**Beantworte folgende Fragen kurz.**

a) Warum läuft Niko schnell nach Hause?

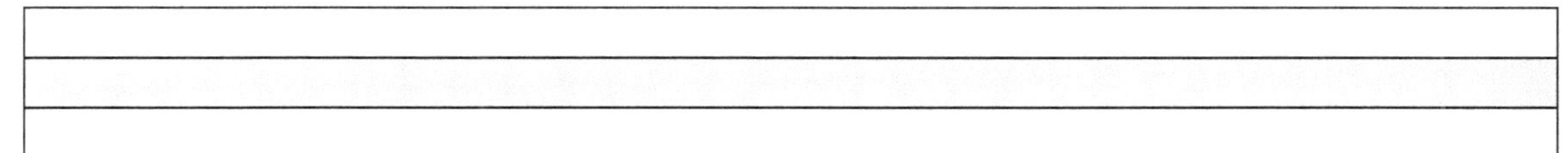

b) Wen sieht Niko durch das Küchenfenster?

c) Wie heißt Nikos Hund?

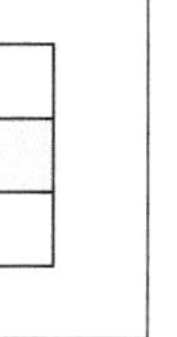

LESETRAINING IN DREI NIVEAUSTUFEN
1. Schuljahr – Bestell-Nr. 16 701
KOHL VERLAG

# 13. Im Zirkus

Der Zirkus ist da. Pia und Luise sitzen schon im Zelt. Gleich geht es los. Da öffnet sich der Vorhang. Ein weißes Pferd läuft mit flatternder Mähne hinein. Luise und Pia staunen, als sich ein Mädchen flink auf das Pferd schwingt. Das Mädchen stellt sich frei auf und lässt das Tier dabei schnell weiterlaufen. Luise staunt. Das würde sie auch gerne können!

**1** *Verbinde das Bild mit dem passenden Wort.*

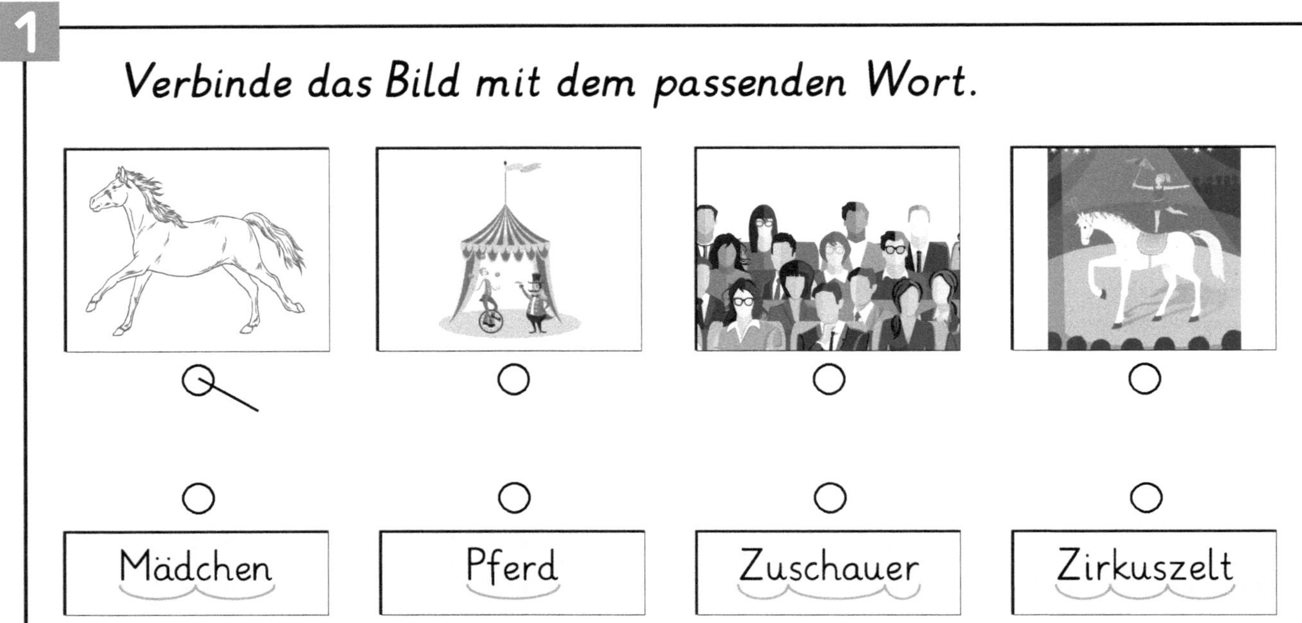

Mädchen | Pferd | Zuschauer | Zirkuszelt

**2** *Male, was du liest.*

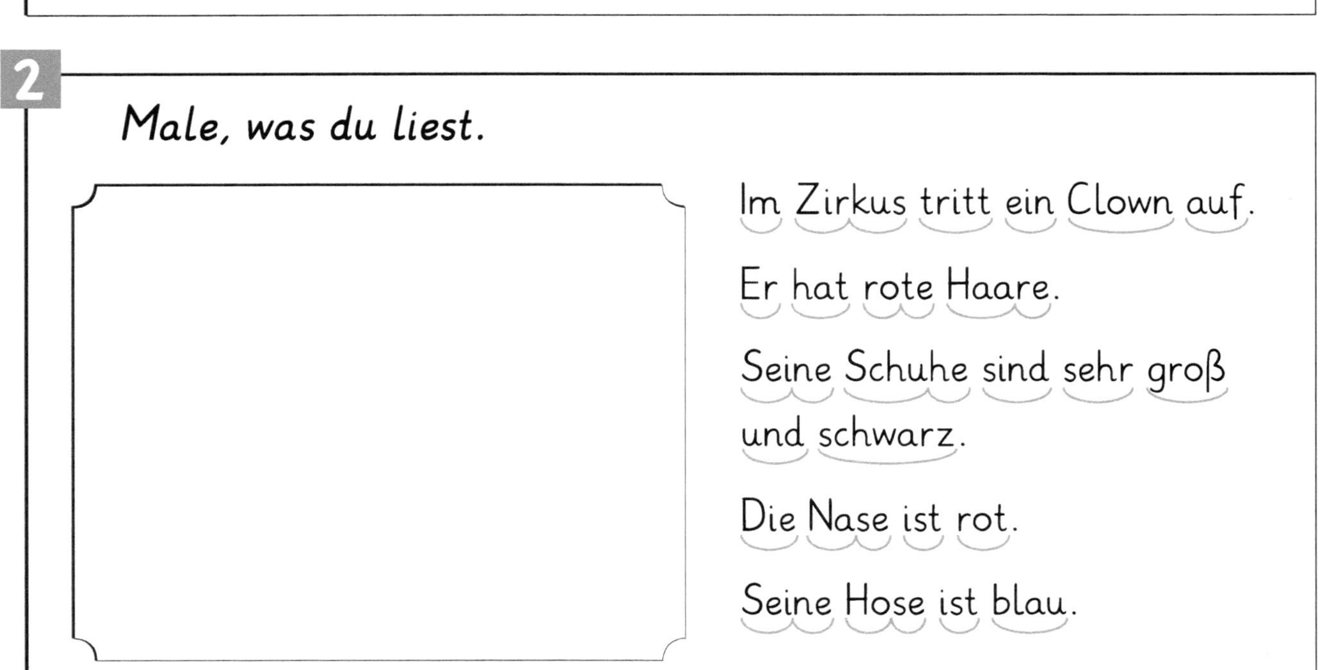

Im Zirkus tritt ein Clown auf.

Er hat rote Haare.

Seine Schuhe sind sehr groß und schwarz.

Die Nase ist rot.

Seine Hose ist blau.

LESETRAINING IN DREI NIVEAUSTUFEN
1. Schuljahr – Bestell-Nr. 16 701
KOHL VERLAG

# 13. Im Zirkus

!

Heute ist der Zirkus in der Stadt. Pia und Luise sitzen schon aufgeregt auf ihren Plätzen. Dann wird es plötzlich dunkel. Ein Trommelwirbel ertönt. Der Vorhang öffnet sich und ein weißes Pferd läuft mit flatternder Mähne in die Manege. Luise und Pia staunen, als sich ein kleines Mädchen auf den Rücken des Pferdes schwingt. Es stellt sich frei auf und lässt den Schimmel schnell durch die Manege laufen. Luise seufzt. Sie würde gerne selbst auf dem Pferderücken stehen!

**1**

***Verbinde das Bild mit dem passenden Satz.***

Die Tierkinder der Pferde nennt man Fohlen.

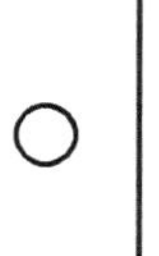

Ein weißes Pferd nennt man Schimmel.

Zum Zirkus gehört meist ein großes Zelt.

Die Clowns im Zirkus sind sehr lustig.

LESETRAINING IN DREI NIVEAUSTUFEN
1. Schuljahr – Bestell-Nr. 16 701
KOHL VERLAG Lernen mit Erfolg

# 13. Im Zirkus

!

## 2

Finde die Wörter am Zirkuszelt. Schreibe sie richtig auf.

## 3

Ordne die Buchstaben und schreibe das Wort richtig auf.

LESETRAINING IN DREI NIVEAUSTUFEN
1. Schuljahr – Bestell-Nr. 16 701
KOHL VERLAG

# 13. Im Zirkus

Heute ist der Zirkus in der Stadt. Pia und Luise sitzen schon aufgeregt auf ihren Plätzen im Zirkuszelt. Pia rutscht schon hin und her, weil sie es kaum erwarten kann. Dann wird es plötzlich dunkel und ein Trommelwirbel ertönt. Der Vorhang öffnet sich und ein weißes Pferd läuft mit flatternder Mähne in die Manege. Auf dem Kopf hat es einen glitzernden Federschmuck, der im Scheinwerferlicht funkelt und glitzert. Luise und Pia halten die Luft an, als sich ein kleines Mädchen auf seinen Rücken schwingt. Es stellt sich frei auf den Rücken des Schimmels und lässt diesen schnell durch die Manege traben. Luise seufzt auf. Sie träumt davon, selbst auf dem Pferderücken zu stehen!

## 1

*Schreibe den passenden Begriff auf die Linien.*

a) ______________________________

b) ______________________________

c) ______________________________

KOHL VERLAG Lernen mit Erfolg
LESETRAINING IN DREI NIVEAUSTUFEN
1. Schuljahr – Bestell-Nr. 16 701

# 13. Im Zirkus

★

## 2

*Ordne die Sätze und schreibe die Zahlen 1–5 davor.*

| | |
|---|---|
| | Pia und Luise gehen nach der Schule in den Zirkus. |
| | Am Ende gibt es großen Applaus für die Vorstellung. Schön war es! |
| | Bald beginnt die Vorstellung. Viele Artisten treten auf. |
| | Sie bezahlen Eintritt und dürfen in das Zelt. |
| | Die Zuschauer sitzen rund um die Manege. Auch die Mädchen setzen sich. |

## 3

*Welche Wörter passen nicht dazu? Streiche sie durch.*

a) Zelt – Manege – Zuschauerplätze – Tennisplatz

b) Löwen – Fische – Bären – Pferde

c) Clown – Direktor – Artist – Pilot

d) klatschen – schreiben – jubeln – staunen

## 4

*Richtig oder falsch? Kreuze an.*

| | | richtig | falsch |
|---|---|---|---|
| 1. | Heute ist Zirkus in der Stadt. | | |
| 2. | Ein Zebra läuft in die Manege. | | |
| 3. | Luise würde gerne auf dem Pferderücken stehen. | | |

LESETRAINING IN DREI NIVEAUSTUFEN
1. Schuljahr – Bestell-Nr. 16 701
KOHL VERLAG Lernen mit Erfolg

# 14. Lesen und malen

## 1. Das Pony

Auf der Wiese steht ein kleines Pony hinter dem Zaun.
Es ist gefleckt. Seine Mähne ist braun und ganz schön lang.

<u>Zusatz</u>:

Manchmal füttern Paul und Lisa es mit Äpfeln.
Paul ist Lisas großer Bruder. Er trägt gerne Latzhosen.
Lisa hat blonde Locken und eine Brille.
Ihre Lieblingsfarbe ist rosa. Auch ihr Kleid ist rosa.

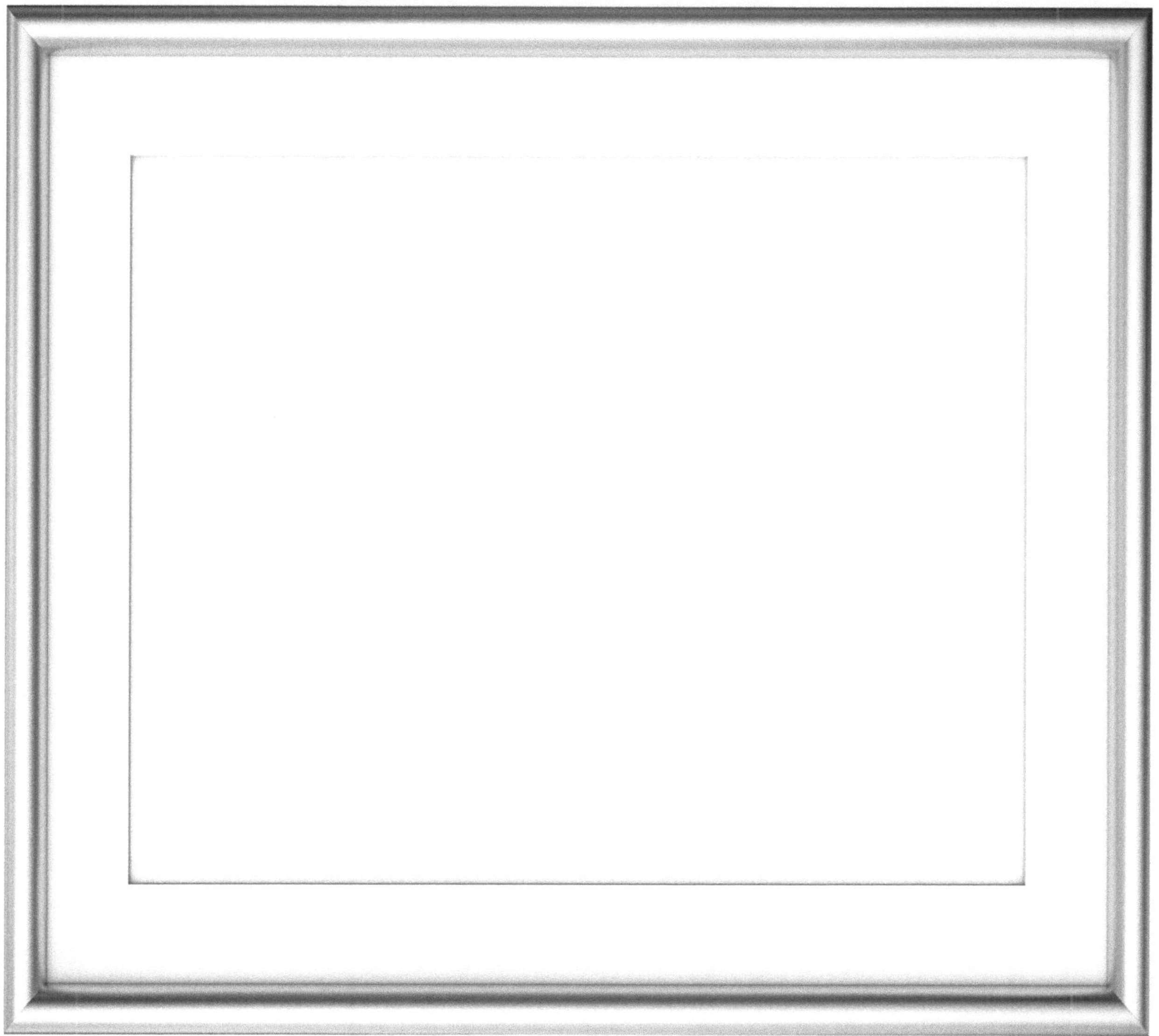

# 14. Lesen und malen

## 2. Der Ausflug

Tina und Olli machen einen Ausflug. Sie nehmen ihre Rucksäcke mit. Die beiden wandern durch einen grünen Wald. Bald sehen sie sogar ein Reh zwischen den Bäumen. Heimlich beobachtet sie ein Eichhörnchen. Das bemerken die beiden gar nicht!

Zusatz:

Tina zeigt Olli einen Fliegenpilz am Boden. Der ist leuchtend rot mit weißen Punkten. Olli weiß schon, dass er sehr giftig ist! Tina merkt noch nicht, dass aus ihrem Rucksack ihre blaue Jacke heraushängt. Bald verliert sie sie noch!

# 14. Lesen und malen

## 3. Auf dem Spielplatz

Heute ist ganz schön was los auf dem Spielplatz.
Zwei Jungen schaukeln um die Wette.
Eine Oma spielt mit dem Baby im Sandkasten.
Es hat eine gelbe Schaufel dabei.
Auf der Rutsche steht ein kleines Mädchen mit blauer Hose.
Es weint und traut sich nicht runter.

Zusatz:

Die Mutter steht vor der Rutsche und wartet.
Ihre Haare sind schwarz und sie trägt eine grüne Jacke.
Das Wetter ist schön und die Sonne scheint.
Ganz weit entfernt sieht man eine dunkle Wolke.

LESETRAINING IN DREI NIVEAUSTUFEN
1. Schuljahr – Bestell-Nr. 16 701
KOHL VERLAG Lernen mit Erfolg

# 14. Lesen und malen

## 4. Der Supereisbecher

Heu**te** ist ein tol**ler** Som**mer**tag. Die Son**ne** scheint hell am Him**mel**. Jo**nas** und The**a** durf**ten** sich ein gro**ßes** Eis kau**fen**.
Jo**nas** hat 3 Ku**geln** auf sei**ner** Waf**fel**.
The**a** hat ei**nen** Eis**be**cher mit 5 Ku**geln** in der Hand.
Die Scho**ko**so**ße** tropft schon run**ter**.

Zusatz:

O**je**, jetzt gibt es ei**ne** Scho**ko**pfüt**ze** auf dem Bo**den**!
Jo**nas** ruft: „Pass auf!"
The**a** weint. Sie hat auch schon ei**nen** Fleck auf ih**rem** Kleid.

LESETRAINING IN DREI NIVEAUSTUFEN
1. Schuljahr – Bestell-Nr. 16 701
KOHL VERLAG Lernen mit Erfolg

# 15. Lesen und Sätze würfeln

## 1. Auf dem Bauernhof

Auf diesem Bauernhof passiert viel Lustiges ... !
Würfle zuerst für den Satzanfang, dann ein zweites Mal für das Ende des Satzes.

a) Lies und male auf ein Extrablatt.
b) Lies und schreibe auf.

| | | | |
|---|---|---|---|
| 1 | Die Kuh Berta | 1 | kaut Gras auf der Wiese. |
| 2 | Der rote Traktor | 2 | springt in die Luft. |
| 3 | Das braune Pferd | 3 | stinkt und raucht. |
| 4 | Der alte Hahn | 4 | legt ein Ei. |
| 5 | Die Henne Eva | 5 | verfolgt eine Maus. |
| 6 | Die freche Hofkatze | 6 | sitzt auf dem Baum. |

LESETRAINING IN DREI NIVEAUSTUFEN
1. Schuljahr – Bestell-Nr. 16 701

# 15. Lesen und Sätze würfeln

## 2. Im Zoo

In diesem Zoo ist heute etwas komisch!
Würfle zuerst für den Satzanfang, dann ein zweites Mal für das Ende des Satzes.

a) Lies und male auf ein Extrablatt.
b) Lies und schreibe auf.

| Würfel | Satzanfang | Würfel | Satzende |
|---|---|---|---|
| 1 | Das Zebra | 1 | rennt schnell im Kreis. |
| 2 | Die Giraffe | 2 | kratzt sich an der Nase. |
| 3 | Der Affe | 3 | streckt den Hals lang aus. |
| 4 | Der Löwe | 4 | frisst einen dicken Fisch. |
| 5 | Der Pinguin | 5 | schreit und schüttelt sich. |
| 6 | Das Kamel | 6 | sitzt auf dem Baum. |

# 15. Lesen und Sätze würfeln

## 3. In der Stadt

Was ist wohl heute in dieser Stadt los?
Würfle zuerst für den Satzanfang, dann ein zweites Mal für das Ende des Satzes.

a) Lies und male auf ein Extrablatt.
b) Lies und schreibe auf.

| Würfel | Satzanfang | Würfel | Satzende |
|---|---|---|---|
| 1 | Der Roller | 1 | flitzt über den Bürgersteig. |
| 2 | Der Kinderwagen | 2 | schaukelt vorsichtig hin und her. |
| 3 | Der Radfahrer | 3 | saust zwischen den Autos durch. |
| 4 | Die Straßenbahn | 4 | rüttelt über die Schienen. |
| 5 | Der Linienbus | 5 | hupt und blinkt. |
| 6 | Das Müllauto | 6 | zieht eine stinkige Wolke hinter sich her. |

LESETRAINING IN DREI NIVEAUSTUFEN
1. Schuljahr – Bestell-Nr. 16 701
KOHL VERLAG Lernen mit Erfolg

# 16. Lesen, würfeln, malen, schreiben

## 1. Zootiere

Was sind das nur für Tiere? Lies zuerst Zeile für Zeile.

Würfle:

1. den Kopf 2. den Körper 3. die Beine

Schreibe die Tiernamen auf und male dazu auf ein Extrablatt.

| | Kopf | Körper | Beine |
|---|---|---|---|
| 1 | Gi | raf | fe |
| 2 | Pin | gu | in |
| 3 | E | le | fant |
| 4 | See | lö | we |
| 5 | Kän | gu | ru |
| 6 | Sta | chel | schwein |

LESETRAINING IN DREI NIVEAUSTUFEN
1. Schuljahr – Bestell-Nr. 16 701
KOHL VERLAG Lernen mit Erfolg

# 16. Lesen, würfeln, malen, schreiben

## 2. Im Supermarkt

Ob das wohl schmeckt? Lies **zuerst** Zeile für Zeile.

**Würfle:**

1. den **Anfang**
2. die **Mitte**
3. das **Ende**

**Schreibe** die Wörter auf und **male** dazu auf ein Extrablatt.

| | Anfang | | Mitte | | Ende |
|---|---|---|---|---|---|
| 1 | Blu | 1 | men | 1 | kohl |
| 2 | Kä | 2 | se | 2 | brot |
| 3 | Ka | 3 | rot | 3 | te |
| 4 | Fisch | 4 | stäb | 4 | chen |
| 5 | Scho | 5 | ko | 5 | kuss |
| 6 | Frucht | 6 | jo | 6 | ghurt |

KOHL VERLAG Lernen mit Erfolg

# 17. Bilder lesen

**1. Tiere** *Welcher Satz passt zum Bild? Kreuze an.*

| Bild | ☐ | Satz |
|---|---|---|
|  | | Die Katze frisst gerade. |
| | | Die Katze schläft auf dem Sofa. |
| | | Die Katze läuft im Schnee. |
|  | | Der Hund sitzt im Blätterhaufen. |
| | | Der Hund läuft über die Blätter. |
| | | Der Hund frisst die Blätter. |
|  | | Das Zebra rennt vor dem Löwen weg. |
| | | Das Zebra zeigt seine Zähne. |
| | | Das Zebra trinkt an der Wasserstelle. |
|  | | Das Mädchen streichelt den Hund. |
| | | Der Junge streichelt den Esel. |
| | | Das Mädchen streichelt den Esel. |
|  | | Das Eichhörnchen frisst eine Eichel. |
| | | Das Einhorn frisst eine Eichel. |
| | | Das Eichhörnchen fängt eine Maus. |
|  | | Der Hamster läuft herum. |
| | | Der Hamster sitzt im Käfig. |
| | | Der Hamster schläft. |

LESETRAINING IN DREI NIVEAUSTUFEN
1. Schuljahr – Bestell-Nr. 16 701
KOHL VERLAG Lernen mit Erfolg

# 17. Bilder lesen

**2. Im Haus** — *Welcher Satz passt zum Bild? Kreuze an.*

|  | |  |
|---|---|---|
|  | | Das Sofa ist unter dem Regal. |
| | | Neben dem Sofa steht eine Lampe. |
| | | Das Sofa steht neben der Treppe. |
|  | | Im Zimmer hängt eine große Uhr. |
| | | An der Wand hängen viele Bilder. |
| | | Im Zimmer hängt eine große Lampe. |
|  | | Hinter dem Bett ist ein großes Fenster. |
| | | Hinter dem Bett hängen drei Bilder. |
| | | Hinter dem Bett hängen vier Bilder. |
|  | | Im Schlafzimmer steht ein Fernseher. |
| | | Im Schlafzimmer steht ein Fahrrad. |
| | | Im Schlafzimmer brennt es. |
| 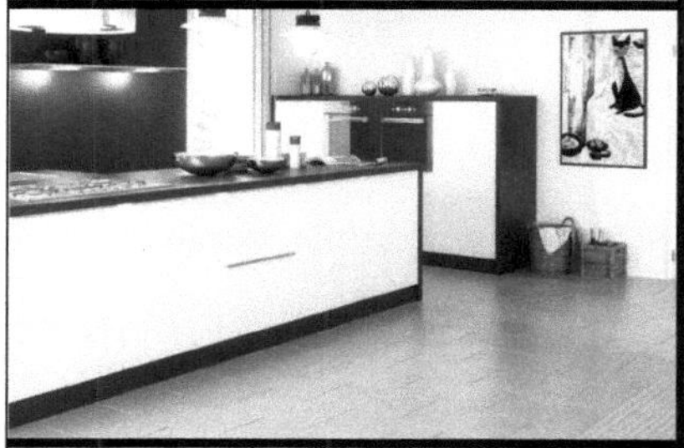 | | Die Küche ist alt. |
| | | Auf dem Herd kochen Nudeln. |
| | | In der Küche hängt ein Bild. |
|  | | Der Junge spielt im Kinderzimmer. |
| | | Im Kinderzimmer sitzt eine Giraffe. |
| | | Im Kinderzimmer gibt es ein Puppenhaus. |

LESETRAINING IN DREI NIVEAUSTUFEN
1. Schuljahr – Bestell-Nr. 16 701
KOHL VERLAG Lernen mit Erfolg

# 17. Bilder lesen

**3. Haustiere** *Welche Sätze passen zum Bild? Kreuze an.*

| | |
|---|---|
| | Auf dem Bild sieht man 31 Tiere. |
| | Auf dem Bild sieht man 26 Tiere. |
| | Es sind Katzen, Hunde, Hasen und Vögel zu sehen. |
| | Das größte Tier ist ein Hund. |
| | Zwei Katzen tragen Schleifen um den Hals. |
| | Die zwei größten Hunde sitzen ganz hinten. |
| | Ganz rechts außen sitzt eine Katze. |
| | Ganz links sitzt ein Meerschweinchen. |

LESETRAINING IN DREI NIVEAUSTUFEN
1. Schuljahr – Bestell-Nr. 16 701

# 17. Bilder lesen

4. Auf dem Markt    Welche Sätze passen zum Bild? Kreuze an.

| | |
|---|---|
| | Auf dem Bild sieht man zwei Menschen auf dem Markt. |
| | Auf dem Bild sieht man einen Mann und eine Frau auf dem Markt. |
| | Man sieht Paprika. |
| | Man sieht Melonen. |
| | Die Frau hat einen Korb dabei. |
| | Der Mann trägt eine Jacke. |
| | Die Frau hat lange Haare. |
| | Der Mann hat einen Blumenkohl in der Hand. |

LESETRAINING IN DREI NIVEAUSTUFEN
1. Schuljahr – Bestell-Nr. 16 701
KOHL VERLAG Lernen mit Erfolg

# 17. Bilder lesen

5. Kinderzimmer     Welche Sätze passen zum Bild? Kreuze an.

| | |
|---|---|
| | Auf dem Bild sieht man ein Kinderzimmer. |
| | Auf dem Bild sieht man ein Badezimmer. |
| | Neben dem Fenster steht ein Regal. |
| | Im Regal steht eine Schultasche. |
| | Das Bett steht am Fenster. |
| | Am Bett lehnt ein Tiger aus Plüsch. |
| | Am Bett lehnt ein Teddy mit Ohren. |
| | Auf dem Boden steht eine Eisenbahn. |

LESETRAINING IN DREI NIVEAUSTUFEN
1. Schuljahr – Bestell-Nr. 16 701
KOHL VERLAG Lernen mit Erfolg

# 18. Die Lösungen

## 1 Besuch im Garten

⊙ Aufgabe 1:

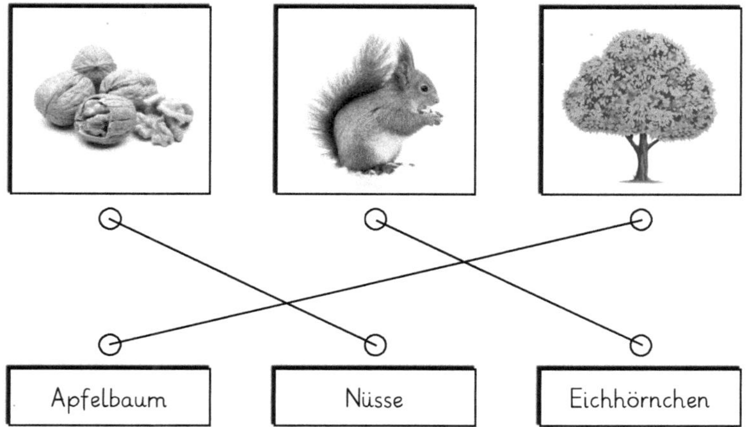


**Aufgabe 2:** Nüsse – Baum – Winter – Eichhörnchen – Garten – Baum

---

! Aufgabe 1:

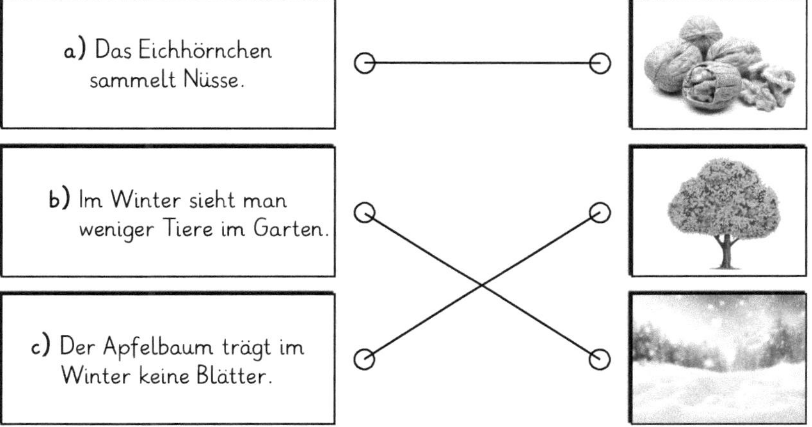


**Aufgabe 2:**

Viele Tiere sammeln **Vorräte** / ~~Flaschen~~ für den ~~Sommer~~ / **Winter**.
Das Eichhörnchen versteckt gerne **Nüsse** / ~~Fische~~.
Viele **Vögel** / ~~Hunde~~ fliegen in den Süden. Manche bleiben auch bei uns.
Für sie ist es im **Winter** / ~~Sommer~~ oft schwer, Futter zu finden.

---

✶ **Aufgabe 1:**

Mögliche Lösungen:
Nüsse: Das Eichhörnchen frisst gerne Nüsse.
Schneemann: Im Winter baue ich gerne einen Schneemann.
Winter: Im Winter ist es sehr kalt draußen.

**Aufgabe 2:** 1. richtig 2. richtig 3. falsch 4. falsch 5. richtig

# 18. Die Lösungen

## 2 Eine Rennfahrt

⊙ **Aufgabe 1:** Individuelle Lösungen

**Aufgabe 2:** 1. richtig 2. richtig 3. falsch 4. richtig

---

! **Aufgabe 1:** Klingel Lenker Lampe Gepäckträger Speiche Bremse

**Aufgabe 2:** Schule ➡ Ranzen Spielplatz ➡ Schaukel Rennen ➡ Startzeichen

---

✶ **Aufgabe 1:** Gepäckträger Fahrradhelm Lenker Kettenöl Klingel Sattel

**Aufgabe 2:** Mögliche Lösungen:

a) Ben fährt gerne Rad.
b) Er kann gut um Kurven sausen und über Hügel springen.
c) Ben fährt zusammen mit seinen Freunden Tim und Finn.
d) Lilly hat ihre Stoppuhr mitgebracht.

## 3 Der Gipsarm

⊙ **Aufgabe 1:** Individuelle Lösung, z. B.: Das Mädchen Leni, das neben der Schaukel liegt.

**Aufgabe 2:**

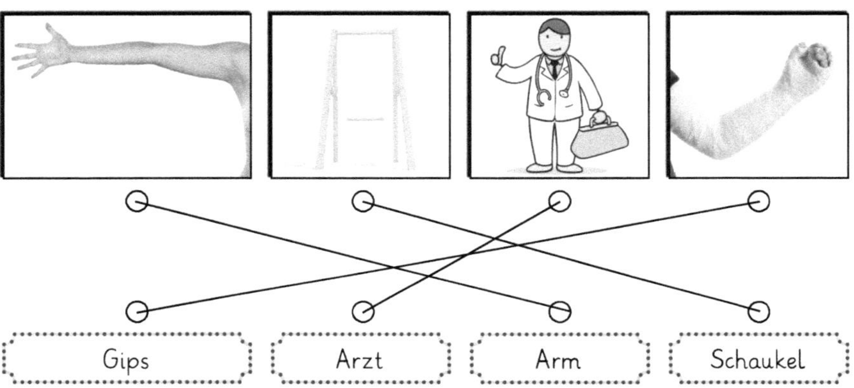


---

! **Aufgabe 1:** Mögliche Lösungen:

Der Arzt hilft Leni.
Leni muss wegen ihrer Verletzung ins Krankenhaus.
Leni ist von der Schaukel gefallen.
Der Arm ist gebrochen und wird eingegipst.

**Aufgabe 2:** Beim ~~Pupsen~~ Spielen ist schnell ein Unfall passiert ~~gehopst~~. So wie Pia haben ~~tanzen~~ sich schon ~~keine~~ viele Kinder etwas gebrochen. Dann bekommt man ~~nie~~ meist einen Gips um das verletzte Körperteil. ~~Fußball~~ Manchmal muss man sogar ~~getanzt~~ operiert werden. Aber danach ~~ist~~ sind die Schmerzen schon fast vergessen ~~kaputt~~!

---

✶ **Aufgabe 1:** Auf dem Gipsarm sollten ein Blumenstrauß neben Pias Name gemalt sein. Der Name Jonas ist in zwei Farben zu sehen.

**Aufgabe 2:**

| | |
|---|---|
| a. | Schaukel – Rutsche – Sandkasten – ~~Achterbahn~~ – Klettergerüst |
| b. | Gipsarm – Krankenhaus – ~~Käsefuß~~ – Krankenschwester – Röntgenraum |
| c. | Mathehausaufgaben – Schulranzen – Sportunterricht – Pausenbrot – ~~Schaukel~~ |
| d. | schreiben – schaukeln – warten – ~~Gipsarm~~ – malen |

LESETRAINING IN DREI NIVEAUSTUFEN
1. Schuljahr – Bestell-Nr. 16 701

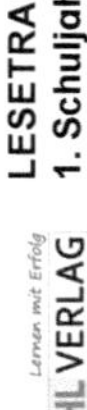

# 18. Die Lösungen

## 4 Leben im Teich

⊙ Aufgabe 1:

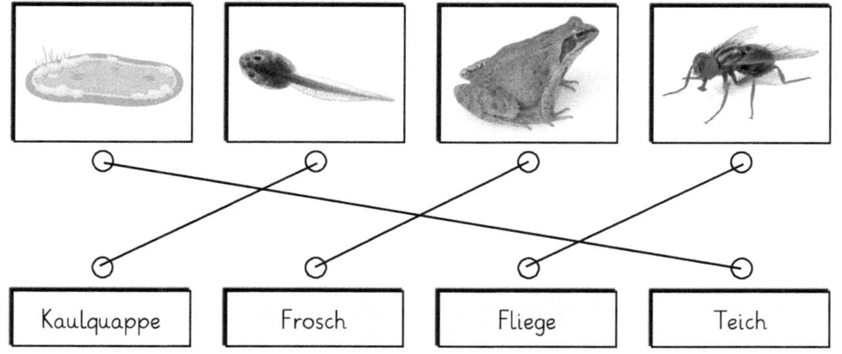


Aufgabe 2: Libelle Kröte Ente Regenwurm

---

! Aufgabe 1: a) Ente b) Regenwurm c) Libelle

Aufgabe 2: Libelle Kröte Ente Regenwurm

Aufgabe 3:

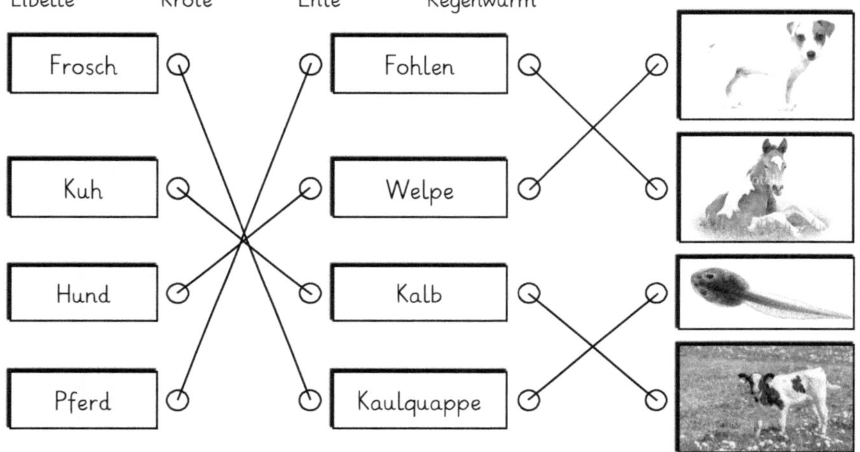


---

★ Aufgabe 1:

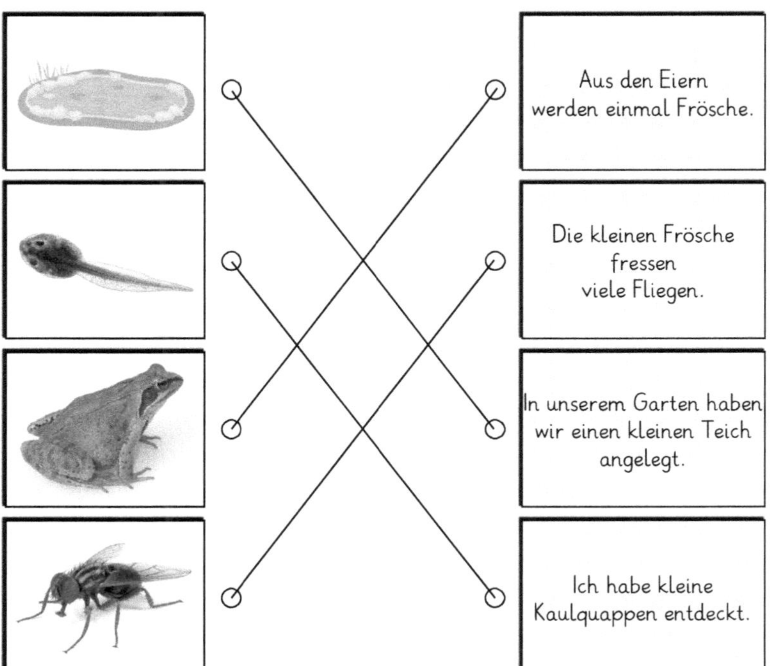


Aufgabe 2: Reihenfolge: 2, 5, 1, 3, 4

Aufgabe 3: a) Parkplatz; b) T-Shirt; c) Fahrrad; d) trocken

# 18. Die Lösungen

## 5 Piratengebiet

⊙ **Aufgabe 1:** Individuelle Lösungen, z.B.: Männer mit schwarzen Bärten, Piratenschiff, Totenkopf...

**Aufgabe 2:** 1. Schatztruhe 2. Segelschiff 3. Goldmünzen 4. Kopftuch 5. Schwarzbärte

---

! **Aufgabe 1:**

**Aufgabe 2:**

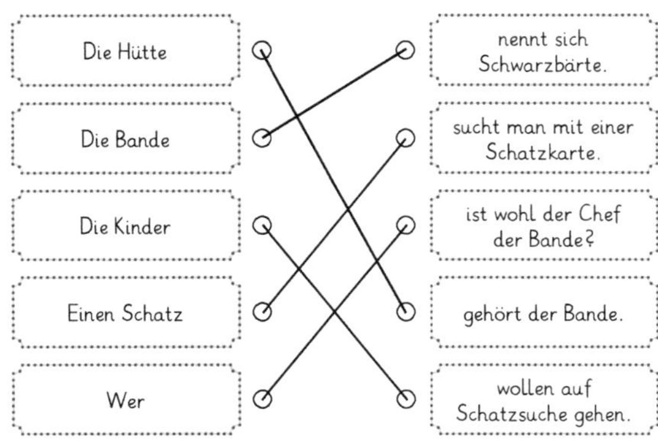


---

✶ **Aufgabe 1:**

| | | | | |
|---|---|---|---|---|
| a) | Segel | ~~Bremse~~ | Mast | Anker |
| b) | Kopftuch | Augenklappe | Holzbein | ~~Gipsarm~~ |
| c) | ~~Weste~~ | Sturm | Wellen | Leuchtturm |
| d) | Kombüse | Deck | Kabine | ~~Cockpit~~ |
| e) | ~~Polizist~~ | Pirat | Koch | Kapitän |

**Aufgabe 2:** 1. richtig 2. richtig 3. richtig 4. falsch 5. falsch 6. richtig

**Aufgabe 3:**

a) Die Kinder haben zusammen eine Bande gegründet.
b) Die Bande hat sich eine Hütte aus Brettern gebaut. **oder**
Die Bande hat sich aus Brettern eine Hütte gebaut.
c) Ein Schild soll Fremde abschrecken.
d) Die Schwarzbärte wollen viele Abenteuer erleben.

# 18. Die Lösungen

## 6 Hauptgewinn

⊙ **Aufgabe 1:**

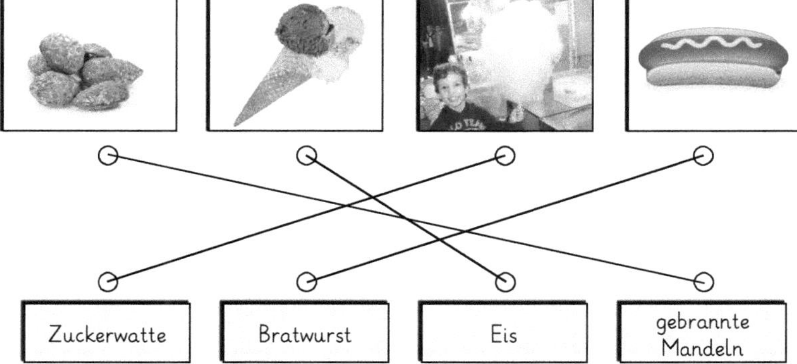

Zuckerwatte | Bratwurst | Eis | gebrannte Mandeln

**Aufgabe 2:** Janne darf heute Lose ziehen. Er gewinnt einen Tiger. Das ist toll! Hast du auch schon einmal etwas gewonnen?

---

! **Aufgabe 1:** Mandeln, Zuckerwatte, Bratwurst

**Aufgabe 2:**

| Z | E | O | L | S | G | E | I | S | T | E | R | B | A | H | N | D | G | K | I |
|---|---|---|---|---|---|---|---|---|---|---|---|---|---|---|---|---|---|---|---|
| A | B | H | K | E | Z | U | S | V | T | I | O | S | F | Ö | E | Z | O | X | L |
| F | A | C | H | T | E | R | B | A | H | N | T | U | I | M | A | W | I | P | O |
| P | E | T | G | J | A | S | R | M | R | I | E | S | E | N | R | A | D | I | S |
| S | R | Z | H | C | J | K | E | S | H | L | P | N | E | T | B | H | S | U | B |
| G | S | Ü | S | S | I | G | K | E | I | T | E | N | S | T | A | N | D | L | U |
| S | Z | K | P | T | Z | M | C | N | S | T | A | P | N | I | O | S | E | R | D |
| K | A | R | U | S | S | E | L | W | Z | R | M | L | I | C | D | E | K | Y | E |

---

✶ **Aufgabe 1:**

| Z | E | O | L | S | G | E | I | S | T | E | R | B | A | H | N | D | G | K | L |
|---|---|---|---|---|---|---|---|---|---|---|---|---|---|---|---|---|---|---|---|
| A | B | H | K | E | Z | U | S | V | T | I | O | S | F | Ö | E | Z | O | X | O |
| F | A | C | H | T | E | R | B | A | H | N | T | U | I | M | A | W | I | P | S |
| P | E | T | G | J | A | S | R | M | R | I | E | S | E | N | R | A | D | I | B |
| S | R | Z | H | C | J | K | E | S | H | L | P | N | E | T | B | H | S | U | U |
| G | S | Ü | S | S | I | G | K | E | I | T | E | N | S | T | A | N | D | L | D |
| K | A | R | U | S | S | E | L | N | S | T | A | P | N | I | O | S | E | R | E |

**Aufgabe 2:**

a) Janne geht auf den Jahrmarkt.
b) Er mag den Geruch von gebrannten Mandeln, die Lichter und die Geräusche.
c) An der Losbude hat Janne den Hauptgewinn gewonnen.

LESETRAINING IN DREI NIVEAUSTUFEN
1. Schuljahr – Bestell-Nr. 16 701

# 18. Die Lösungen

## 7 Im Stadion

⊙ **Aufgabe 1:**

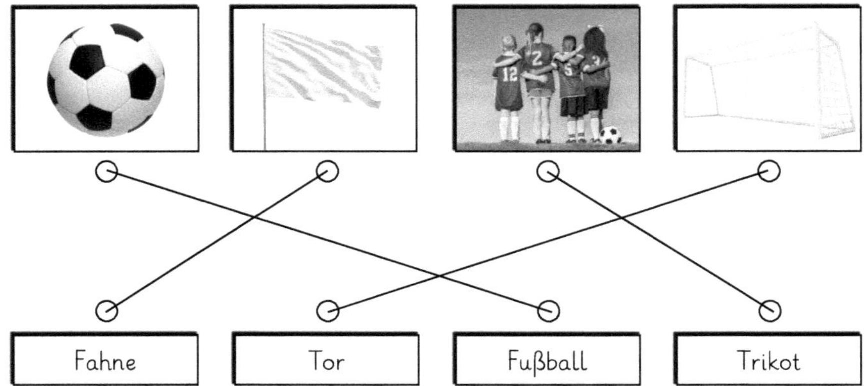


**Aufgabe 2:** Individuelle Lösung, aber ein Fußball spielender Junge mit blauem Hemd und schwarzer Hose soll zu sehen sein. Seine Haare sind blond.

! **Aufgabe 1:**

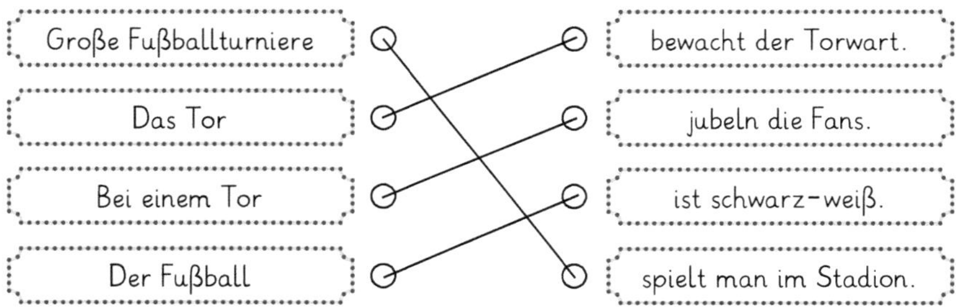


**Aufgabe 2:** Falsche Wörter: Basketball, Nachbarn, Osterfest, Schwimmbad, Apfel, schwimmt

**Aufgabe 2:** Individuelle Lösungen, z.B. Bert Nasenbohrer oder Freddy Feuerschuss.

---

✶ **Aufgabe 1:** Mögliche Lösungen:

a) Jule darf mit Papa ins Stadion.
b) Jule ist Fan der Kickers.
c) Das Spiel ist ein Heimspiel im Stadion der Kickers.
d) Der Stürmer heißt Robert Robertini.

**Aufgabe 2:** Individuelle Lösungen, z.B. Bert Torjäger oder Torli Lattenschuss.

## 8 Freundinnen?

⊙ **Aufgabe 1:** Individuelle Lösung

**Aufgabe 2:** Auf den Bilder sollte man sehen:

- lachen, z. B. Gesicht
- Eis essen, z. B. ein Kind mit großer Eistüte
- trösten, z. B. eine Mutter mit Arm um ihr Kind

---

! **Aufgabe 1:** Individuelle Lösung, aber es sollte ein Mädchen mit rotem Haar abgebildet sein. Dieses steht vielleicht etwas abseits oder macht ein zorniges Gesicht.

**Aufgabe 2:** 1. richtig 2. richtig 3. falsch

---

✶ **Aufgabe 1:**

a) Das ist Nele. Nele weint.
b) Die Mädchen spielen mit Nele.
c) Emilie entschuldigt sich bei Nele.

**Aufgabe 2:** Mögliche Lösung: Nele könnte sich eine andere Freundin suchen, die zuverlässig zu ihr hält.

# 18. Die Lösungen

## 9 Ein Astronaut im All

⊙ **Aufgabe 1:** Rakete, Weltall, Planet, Mond, Sterne

**Aufgabe 2:** Am Himmel sieht man in der Nacht viele **Sterne**. Sie leuchten schön **hell** und man kann sie nicht zählen. Der **Mond** verändert sich immer. Mal ist er dick und **rund**, dann wieder schmal. Ich lese viel über Planeten. Besonders gerne mag ich **Mars** und **Venus**.

---

! **Aufgabe 1:** 1. richtig 2. falsch 3. richtig 4. falsch

**Aufgabe 2:** Raumanzug, Astronaut, Rakete, Venus, Pluto

---

✶ **Aufgabe 1:**
a) Im All leben die Raumfahrer in einer Raumstation.
b) Die Astronauten stammen aus verschiedenen Ländern und sprechen darum Englisch miteinander.
c) Um Raumfahrer zu werden, musst du gesund und mutig sein.

**Aufgabe 1:** 1. richtig 2. falsch 3. richtig 4. falsch

**Aufgabe 2:** Raumanzug, Astronaut, Helmkamera

**Aufgabe 2:** Mars: roter Planet genannt, erinnerte Römer und Griechen an ihren Kriegsgott Mars, Rost im Marsgestein ist für Farbe verantwortlich, heftige Stürme wirbeln dort oft Staubwolken auf, sehr kalt und dünnere Luft als auf der Erde.

Pluto: 1930 von C. Tombaugh entdeckt, kleiner als unser Mond, bewegt sich auf eierförmiger Bahn, extrem kalt (-230 Grad Celsius), galt lange als neunter Planet im Sonnensystem, heute Zwergplanet.

Venus: nach dem Mond der hellste Körper am Nachthimmel, ist hinter einer Wolkenhülle, die das Sonnenlicht reflektiert, viele Vulkane und Krater auf der Oberfläche, wurde schon von vielen Raumsonden besucht, Temperatur etwa 465 Grad Celsius.

## 10 Abenteuer auf der Burg

⊙ **Aufgabe 1:**

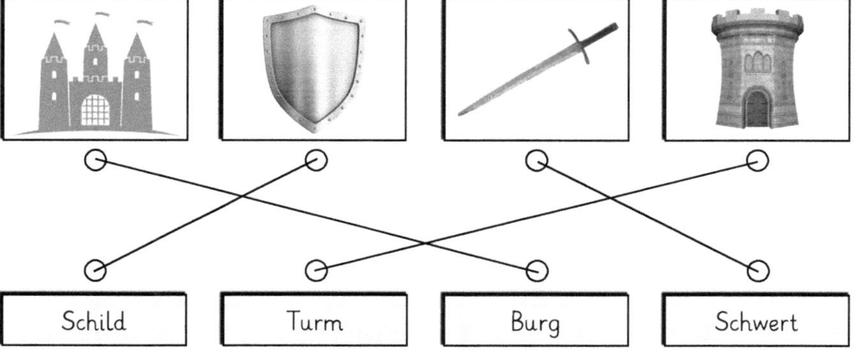


**Aufgabe 2:** a) Mia besucht heute eine Burg b) Auf der Burg lebten früher Ritter.
c) Mia gefallen besonders die Rüstungen.

---

LESETRAINING IN DREI NIVEAUSTUFEN
1. Schuljahr – Bestell-Nr. 16 701

# 18. Die Lösungen

## 10 Abenteuer auf der Burg

! Aufgabe 1:

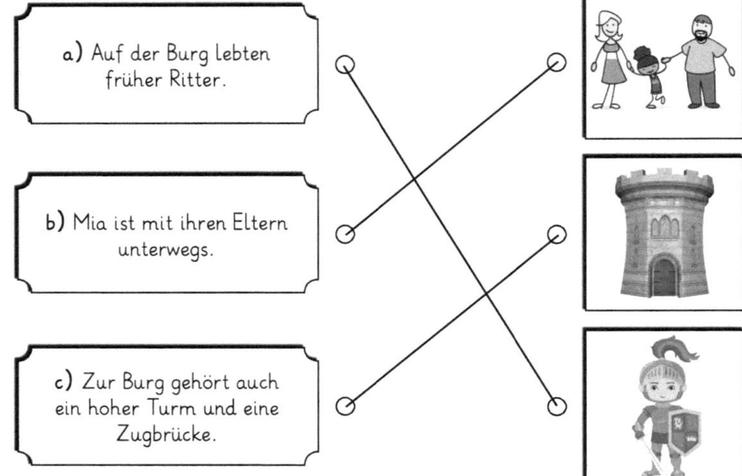


Aufgabe 2: 1. Richtig 2. Falsch 3. Richtig 4. Richtig

Aufgabe 3: Von oben nach unten: Rittersaal, Wappen, Rüstung

Aufgabe 4: Mögliche Lösungen:

a) Mia schaut sich heute Burg Fleckenstein an.
b) Die Rüstung hat sich bewegt.
c) Mia ist mit ihren Eltern unterwegs.

c) RÜSTUNG

a) MIA

b) TURM

✶ Aufgabe 1: Falsche Antworten: a) Garage b) Busfahrer c) Schulranzen

Aufgabe 2: Lösung: Die **Maus** war in der Rüstung versteckt.

## 11 Der Blumenstrauß

⊙ Aufgabe 1:

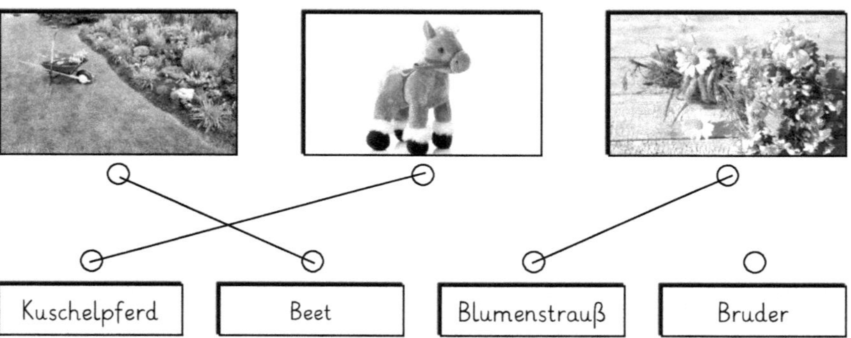


Aufgabe 2:

a) Nina / ~~Oma~~ pflückt Blumen im Garten.
b) Nina macht aus den Blumen einen schönen ~~Kuchen~~ / Strauß.
c) Wird Mama mit Nina schimpfen / ~~Hosen kaufen~~?

! Aufgabe 1: Krokus – Tulpe – Rose

Aufgabe 2: 1. richtig 2. falsch 3. richtig

Aufgabe 3: stöhnt, nämlich, kommt, laut

✶ Aufgabe 1: Löwenzahn – Tulpe – Krokus – Rose

Aufgabe 2:

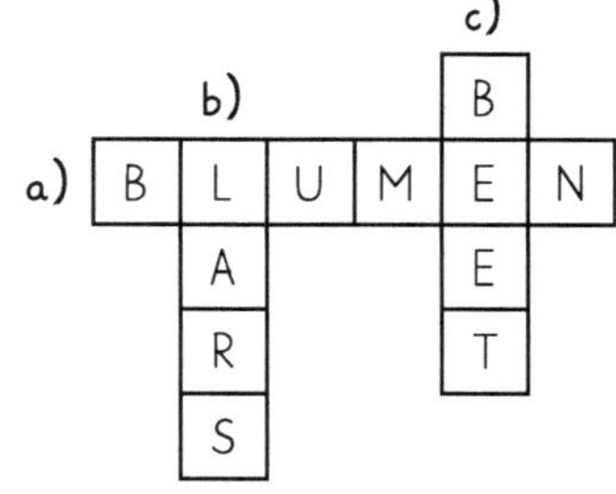

# 18. Die Lösungen

## 12 Fips, der Streuner

⊙ **Aufgabe 1:**

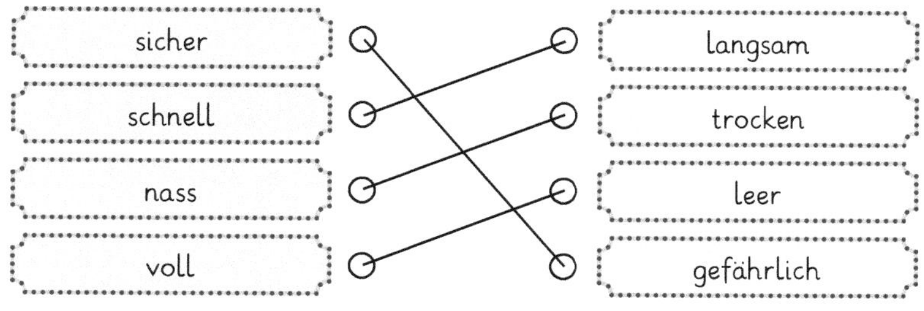


**Aufgabe 2:**

| | | | | | | |
|---|---|---|---|---|---|---|
| | ⊗ | Futter | ⊗ | Napf | ○ | Gabel und Messer |
| | ○ | Zirkus | ⊗ | Leine | ⊗ | Halsband |
| | ⊗ | Welpe | ⊗ | Spielzeug | ○ | Fernseher |
| | ○ | Katze | ⊗ | Polizei | ⊗ | Uniform |

! **Aufgabe 1:**

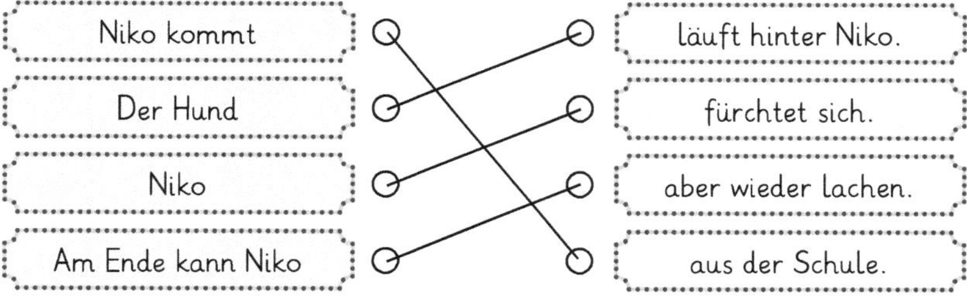


**Aufgabe 2:** 1. falsch 2. richtig 3. falsch 4. falsch 5. richtig

✶ **Aufgabe 1:**

a) Niko kommt aus der Schule.
b) Sein Hund Fips läuft hinter ihm.
c) Niko hat große Angst.
d) Am Ende kann Niko wieder lachen.

**Aufgabe 2:**

| D | F | M | B | I | N | L | A | D | E | G | T | S | E | I | P | L | D | M | W |
|---|---|---|---|---|---|---|---|---|---|---|---|---|---|---|---|---|---|---|---|
| H | K | U | T | K | Ü | C | H | E | N | F | E | N | S | T | E | R | O | O | C |
| F | R | M | A | W | H | I | P | L | C | E | D | Z | H | I | K | L | K | N | E |
| I | M | I | T | T | A | G | E | S | S | E | N | V | E | D | T | H | L | S | Y |
| P | D | E | B | K | L | A | E | N | Z | D | E | C | E | D | Z | P | S | T | J |
| S | E | V | E | D | T | K | U | G | A | R | T | E | N | T | O | R | E | E | K |
| A | G | S | R | B | U | K | P | L | E | V | R | H | U | D | R | T | Z | R | L |

**Aufgabe 3:**

a) Niko hat gewaltigen Hunger.
b) Niko sieht die Mama durch das Küchenfenster.
c) Nikos Hund heißt Fips.

LESETRAINING IN DREI NIVEAUSTUFEN
1. Schuljahr – Bestell-Nr. 16 701

KOHL VERLAG Lernen mit Erfolg

# 18. Die Lösungen

## 13 Im Zirkus

⊙ **Aufgabe 1:**

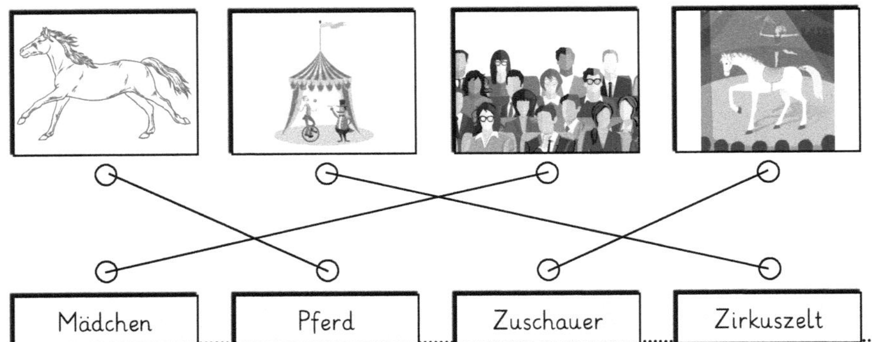


**Aufgabe 2:** Individuelle Lösung

! **Aufgabe 1:**

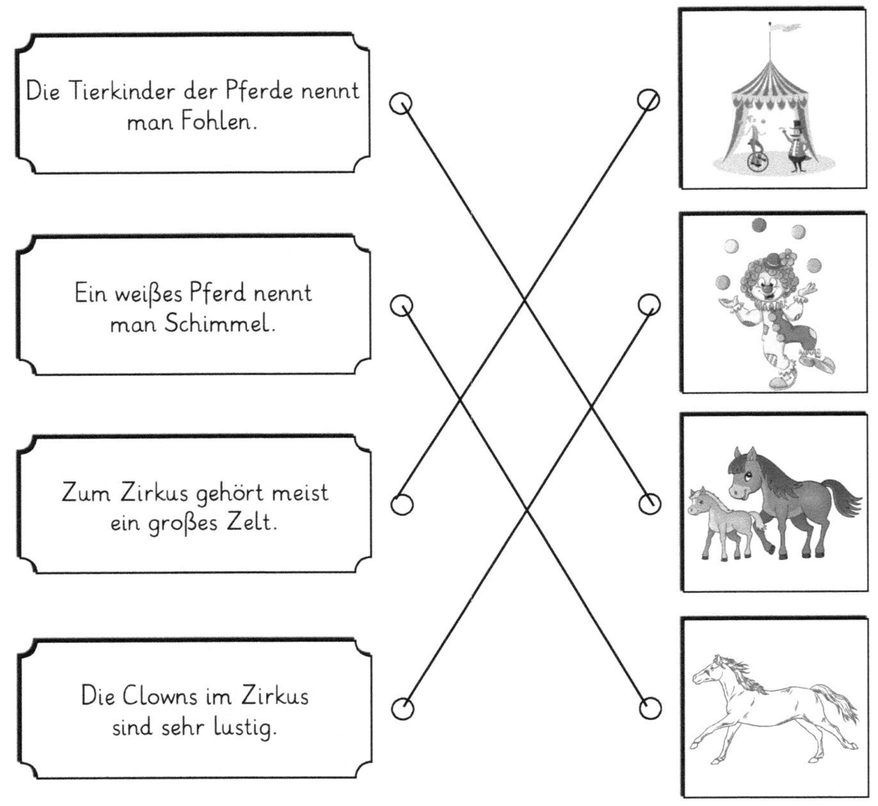


**Aufgabe 2:** Zirkus, Löwen, Zauberer, Pferde

**Aufgabe 3:** aufgeregt, Trommelwirbel, Pferderücken

---

✶ **Aufgabe 1:**
a) Mähne
b) Schimmel
c) Zirkuszelt

**Aufgabe 2:** Reihenfolge: 1, 5, 4, 2, 3

**Aufgabe 3:** a) Tennisplatz; b) Fische; c) Pilot; d) schreiben

**Aufgabe 4:** 1. richtig; 2. falsch; 3. richtig

# 18. Die Lösungen

## 17 Bilder lesen

### 1. Tiere

| | |
|---|---|
| 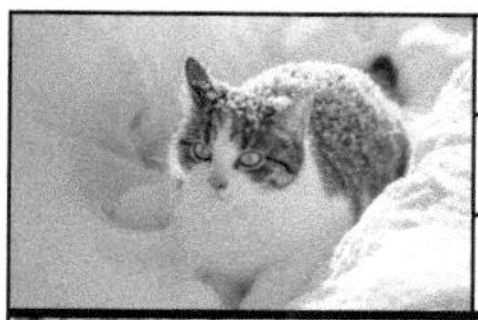 | Die Katze frisst gerade. |
| | Die Katze schläft auf dem Sofa. |
| X | Die Katze läuft im Schnee. |
| 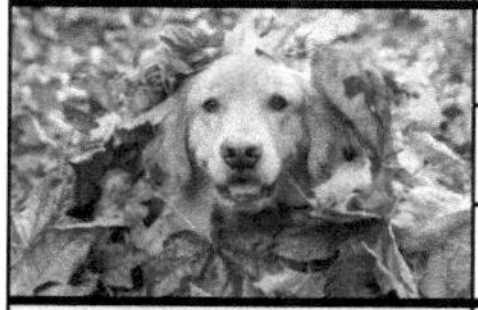 X | Der Hund sitzt im Blätterhaufen. |
| | Der Hund läuft über die Blätter. |
| | Der Hund frisst die Blätter. |
| 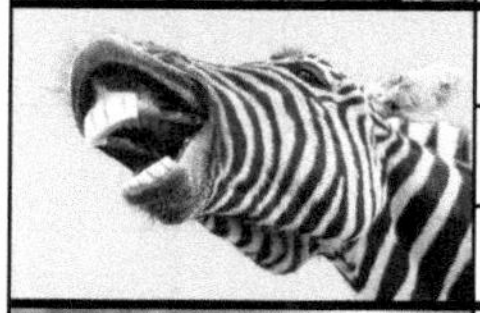 | Das Zebra rennt vor dem Löwen weg. |
| X | Das Zebra zeigt seine Zähne. |
| | Das Zebra trinkt an der Wasserstelle. |
| 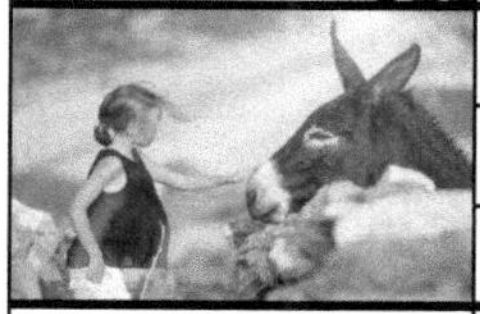 | Das Mädchen streichelt den Hund. |
| | Der Junge streichelt den Esel. |
| X | Das Mädchen streichelt den Esel. |
| 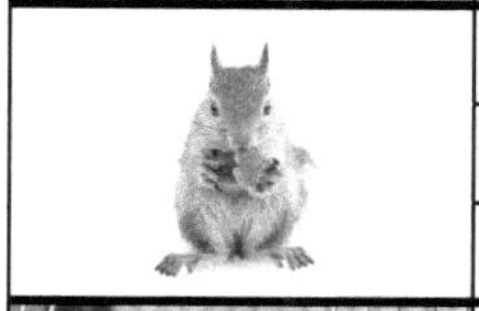 X | Das Eichhörnchen frisst eine Eichel. |
| | Das Einhorn frisst eine Eichel. |
| | Das Eichhörnchen fängt eine Maus. |
| 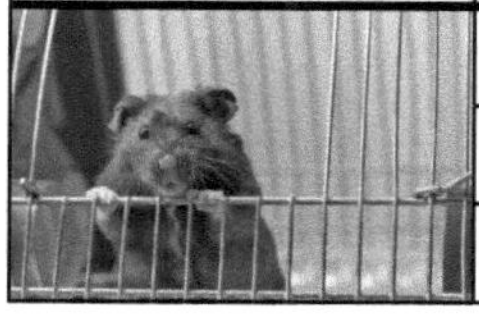 | Der Hamster läuft herum. |
| X | Der Hamster sitzt in Käfig. |
| | Der Hamster schläft. |

### 2. Im Haus

| | |
|---|---|
| 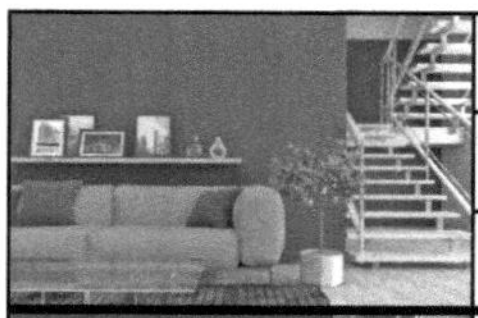 | Das Sofa ist unter dem Regal. |
| | Das Sofa steht vor dem Tisch. |
| X | Das Sofa steht neben der Treppe. |
| 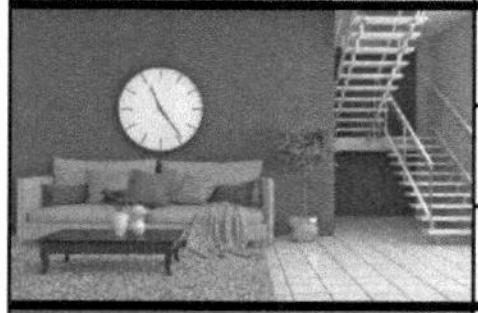 X | Im Zimmer hängt eine große Uhr. |
| | An der Wand hängen viele Bilder. |
| | Im Zimmer hängt eine große Lampe. |
| 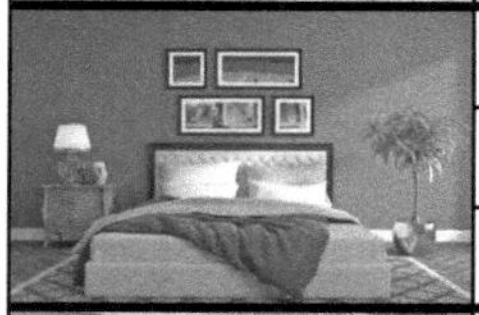 | Hinter dem Bett ist ein großes Fenster. |
| | Hinter dem Bett hängen drei Bilder. |
| X | Hinter dem Bett hängen vier Bilder. |
| 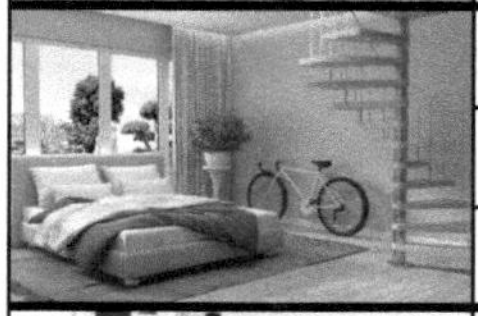 | Im Schlafzimmer steht ein Fernseher. |
| X | Im Schlafzimmer steht ein Fahrrad. |
| | Im Schlafzimmer brennt es. |
| 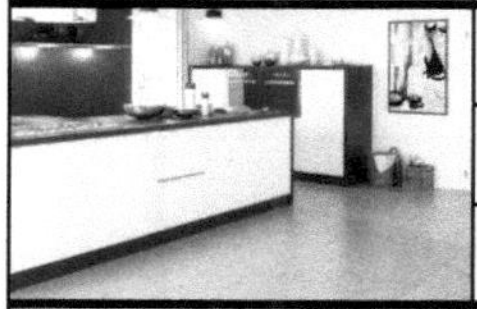 | Die Küche ist alt. |
| | Auf dem Herd kochen Nudeln. |
| X | In der Küche hängt ein Bild. |
| 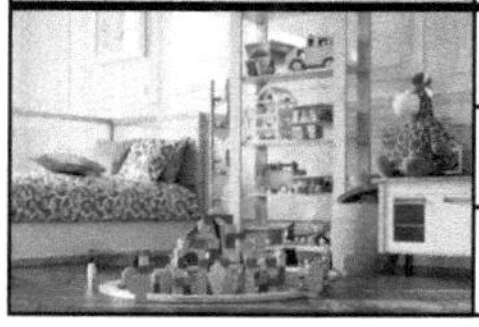 | Der Junge spielt im Kinderzimmer. |
| X | Im Kinderzimmer sitzt eine Giraffe. |
| | Im Kinderzimmer gibt es ein Puppenhaus. |

# 18. Die Lösungen

3. Haustiere

| | |
|---|---|
| | Auf dem Bild sieht man 31 Tiere. |
| X | Auf dem Bild sieht man 26 Tiere. |
| | Es gibt Katzen, Hunde, Hasen und Vögel zu sehen. |
| X | Das größte Tier ist ein Hund. |
| | Zwei Katzen tragen Schleifen um den Hals. |
| X | Die zwei größten Hunde sitzen ganz hinten. |
| | Ganz rechts außen sitzt eine Katze. |
| X | Ganz links sitzt ein Meerschweinchen. |

4. Auf dem Markt

| | |
|---|---|
| X | Auf dem Bild sieht man zwei Menschen auf dem Markt. |
| X | Auf dem Bild sieht man einen Mann und eine Frau auf dem Markt. |
| X | Man sieht Paprika. |
| | Man sieht Melonen. |
| | Die Frau hat einen Korb dabei. |
| X | Der Mann trägt eine Jacke. |
| X | Die Frau hat lange Haare. |
| | Der Mann hat einen Blumenkohl in der Hand. |

5. Kinderzimmer

| | |
|---|---|
| X | Auf dem Bild sieht man ein Kinderzimmer. |
| | Auf dem Bild sieht man ein Badezimmer. |
| X | Neben dem Fenster steht ein Regal. |
| | Im Regal steht eine Schultasche. |
| X | Das Bett steht am Fenster. |
| | Am Bett lehnt ein Tiger aus Plüsch. |
| X | Am Bett lehnt ein Teddy mit Ohren. |
| X | Auf dem Boden steht eine Eisenbahn. |

LESETRAINING IN DREI NIVEAUSTUFEN
1. Schuljahr – Bestell-Nr. 16 701